Mi gran libro del CUERPO HUMANO

Soledad Gopar

Ilustraciones de
Elizabeth Mallet

el gato de hojalata

Dirección editorial:
María José Pingray

Textos:
Soledad Gopar

Edición y corrección:
Laura Occhiuzzi

Diseño e ilustración:
Elizabeth Mallet

Producción industrial:
Aníbal Álvarez Etinger

Mi gran libro del cuerpo humano / coordinación general de María José Pingray. - 1a ed. - Ciudad Autónoma de Buenos Aires : El Gato de Hojalata, 2023.
64 p. ; 30 x 24 cm.

ISBN 978-987-797-855-1

1. Libro para Niños. I. Pingray, María José, coord.
CDD 808.899282

Primera edición publicada por Editorial Guadal S. A.,
Humboldt 1550 Of. 01, Ciudad Autónoma de Buenos Aires, Argentina.

Impreso en China, en septiembre de 2023.

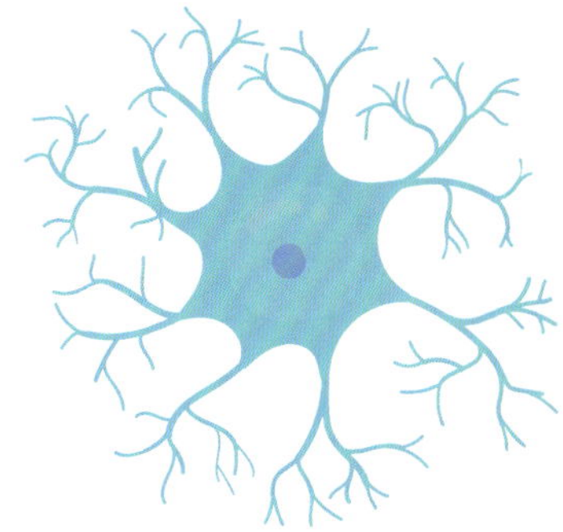

TU CUERPO ES MARAVILLOSO

¿Alguna vez pensaste en lo increíble y fabuloso que es el cuerpo humano? ¿Todas las cosas que te permite hacer, sentir y vivir? Desde respirar, caminar, saltar, reír, comer, moverte, observar, comunicarte e incluso... ¡dormir! Todas las actividades que realizas día a día son posibles gracias a esta gran "maquinaria", a tu cuerpo; es decir, al conjunto de los sistemas orgánicos que lo componen.

El cuerpo humano desempeña muchas funciones involuntarias (que realiza por sí mismo, como la circulación de la sangre) y otras voluntarias (por decisión propia, como cuando levantas la mano y... ¡saludas!).

Conocer tu cuerpo es muy importante para poder desarrollar hábitos saludables y cuidarlo porque te acompañará a lo largo de toda tu vida. Te sorprenderá saber cómo funciona y cuáles son sus partes, órganos y sistemas más importantes.

¡Comencemos este sorprendente viaje por el cuerpo humano!

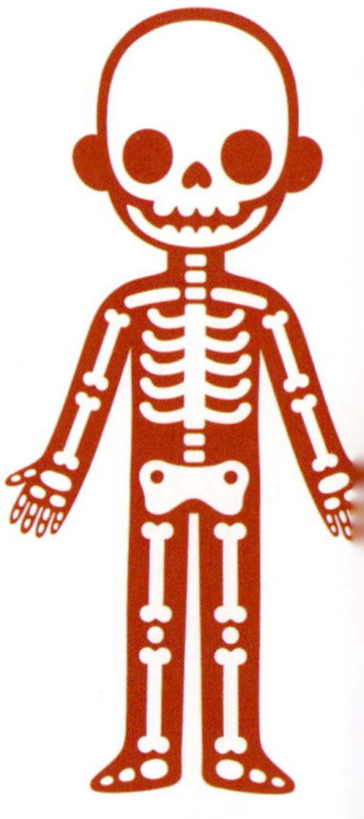

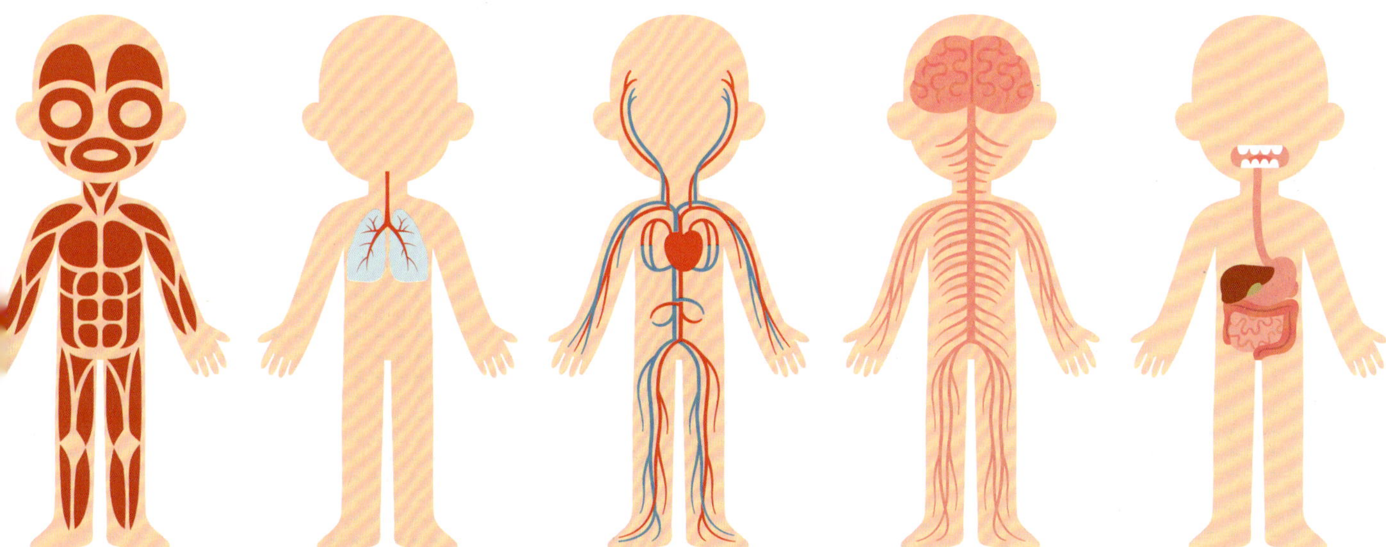

CONOCE TU CUERPO

IDENTIKIT DEL CUERPO HUMANO

¡Hagamos un primer acercamiento! El cuerpo tiene cuatro partes principales: la cabeza, el tronco y las extremidades superiores e inferiores. Cada una de estas cuatro partes contiene, a su vez, otras partes o elementos más pequeños que lo componen. Veamos cuáles son en cada caso:

✔ **La cabeza:** aquí podrás observar el **rostro**, donde se encuentran los sentidos de la vista (ojos), el olfato (nariz), el oído (orejas) y el gusto (boca). En la parte posterior de la cabeza podrás observar la **nuca**, que es el lugar que une la cabeza con el tronco.

✔ **El tronco:** se ubica en el centro de tu cuerpo y conecta todas sus partes. La parte superior es el **tórax**, y la inferior es el **abdomen**.

✔ **Las extremidades:** los brazos son las **extremidades superiores** y tienen tres partes principales: brazo, antebrazo y mano. Las piernas o **extremidades inferiores** constan básicamente del muslo, la pierna y el pie. Estas son las partes del cuerpo que tienen mayor cantidad y variedad de movimientos. ¡Tú mismo/a puedes comprobarlo! Prueba hacer distintos movimientos con tu cabeza y tronco... Ahora, haz lo mismo con las extremidades. ¿Notas la diferencia?

SABÍAS QUE...

Los sentidos son ese conjunto de órganos (recordemos que la piel es el órgano del tacto) que te permiten relacionarte con el entorno, expresarte y conocer el mundo. Pero, además, es importante... ¡disfrutarlos y experimentar con ellos! Puedes escuchar tu canción favorita o el canto de los pájaros, ver una película o admirar el rostro de un ser querido, oler el exquisito perfume de una flor, saborear un dulce pastel, acariciar a tu mascota y sentir su suave pelaje... ¡Todo un mundo de experiencias sensoriales a tu alcance!

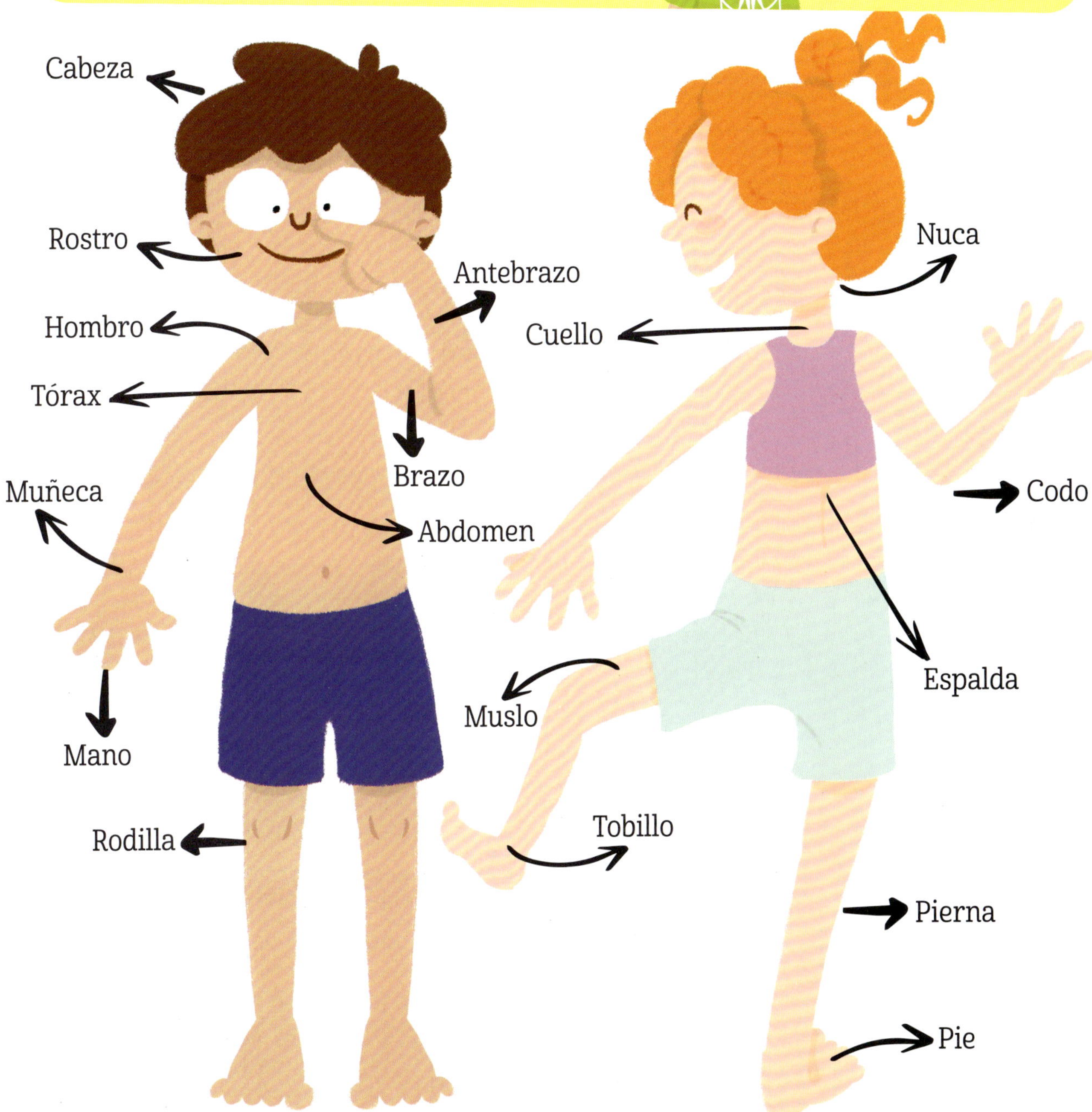

¡Ya lograste dar un primer vistazo al cuerpo humano! Continúa leyendo, ¡es cada vez más interesante!

PRINCIPALES ÓRGANOS

En las páginas anteriores hemos aprendido los nombres y ubicación de las partes visibles del cuerpo humano, ¡fácilmente reconocibles! Pero... ¿qué sucede en el interior? ¿Cuáles son los nombres de los principales órganos y cuál es la tarea que realiza cada uno? En la imagen puedes observar su forma y ubicación. ¡Todos ellos son importantes para el pleno desarrollo de tu organismo!

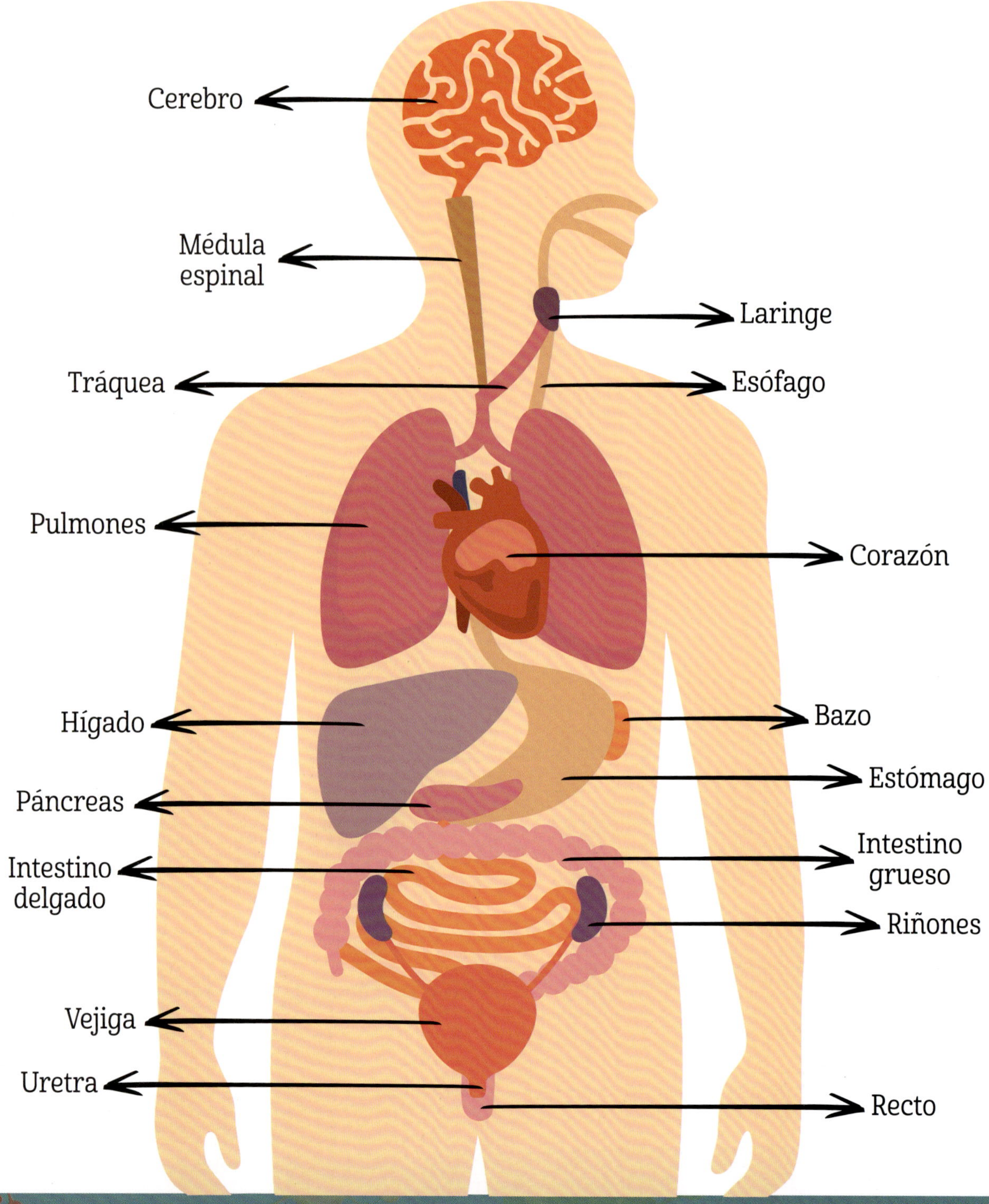

¿Cuáles son los órganos más importantes de tu cuerpo?

1. El cerebro: es una especie de centro de control, ¡más poderoso que una supercomputadora! El cerebro dirige y regula todo tu cuerpo. Sus funciones más importantes son motoras (movimiento), lingüísticas (relacionadas con el lenguaje), cognitivas (de aprendizaje) y emocionales. Tu percepción, movimientos, pensamientos, memoria... e incluso los latidos de tu corazón son regulados y procesados por este órgano. ¿Y sabes algo más? ¡No descansa ni siquiera cuando duermes!

2. La médula espinal: este órgano conecta al cerebro con los **nervios** (conjunto de fibras nerviosas en forma de cordón) de la mayor parte del cuerpo. Así, el cerebro puede enviar mensajes o indicaciones que viajan a través de la médula espinal. Juntos funcionan como una red repleta de circuitos de ida y vuelta, ya que la médula espinal también recibe información de los órganos y los comunica al cerebro.

3. La laringe: funciona con el aire que proviene de tus pulmones. Sus principales funciones son las de permitirte respirar, hablar y **deglutir** (tragar los alimentos; es decir, hacer pasar de la boca al estómago sustancias sólidas o líquidas). Gracias a la laringe también puedes cantar, gritar de alegría o susurrar cuando alguien duerme y no quieres despertarlo... ¡Shhh!

4. **El esófago:** es un tubo elástico que conduce la comida desde la parte posterior de la garganta hasta el estómago. ¿Cuánto mide este tubo? Tiene un largo aproximado de 25 centímetros. ¡Si tienes una regla a mano, puedes darte una idea real de su tamaño!

5. **La tráquea:** se extiende desde la laringe y, en un momento, se divide en dos conductos (izquierdo y derecho) denominados **bronquios**, como puedes observar en la imagen del cuerpo humano.
Los bronquios conectan la tráquea con los pulmones. La tráquea tiene unos anillos en su interior que hacen que siempre esté abierta y **cilios** (componentes celulares con forma de hilo) que expulsan partículas o líquidos extraños de las vías aéreas para evitar que ingresen en los pulmones.

6. **El corazón:** este maravilloso órgano bombea sangre a todo tu cuerpo. De esta manera, la sangre envía el oxígeno y los nutrientes que tu cuerpo necesita, desecha residuos y elimina el **dióxido de carbono** (un producto de desecho que produce el cuerpo). Apoya tu mano en el centro de tu pecho (apenas hacia el lado izquierdo) y siente tus latidos... Antes de cada latido, tu corazón se llena de sangre y se encoge; es decir, se contrae (porque es un músculo). Prueba cerrar tu puño, ese es el momento en que el corazón se contrae. Ahora, ábrelo, ¡eso hace tu corazón para impulsar la sangre hacia afuera!

7. **Los pulmones:** si miras con atención la imagen del cuerpo humano, podrás observar que los pulmones son los órganos más grandes de tu cuerpo (a excepción de la piel, que veremos en las próximas páginas). Los pulmones te permiten respirar; es decir, inspirar aire fresco para que las células de tu cuerpo puedan vivir (tomar oxígeno) y exhalar dióxido de carbono (expulsarlo de tu organismo). ¿Sabes algo curioso? Tu pulmón izquierdo es un poco más pequeño que tu pulmón derecho porque necesita hacerle un poco de lugar a... ¡tu corazón!

8. **El hígado:** una de las principales funciones de este órgano es purificar tu sangre. Elimina las toxinas de la sangre y elige cuáles son los nutrientes beneficiosos para el cuerpo y cuáles son los elementos que deben ser eliminados del organismo. El hígado produce **bilis** (una secreción amarillenta), que transporta estos desechos al intestino para ser expulsados del cuerpo. Además, el hígado ayuda a absorber la grasa que el cuerpo necesita de los alimentos que comes y los transporta al flujo sanguíneo. También ayuda al cuerpo a utilizar los carbohidratos, otro elemento que contienen los alimentos y, mediante un proceso, el hígado almacena una parte para que tengas "combustible de reserva" (ese combustible se llama **glucógeno**). Y entre otras cosas más, ayuda a coagular la sangre; es decir, a que una herida cicatrice y deje de sangrar. ¡Ya sabes todo lo que hace tu hígado por ti! ¡Aplausos para este trabajador incansable que nos cuida de muchas formas!

9. **El estómago:** aquí es donde los alimentos que comes se mezclan y se trituran en partes más pequeñas. ¡Es una especie de batidora! ¿Cómo lo hace? Las paredes del estómago tienen fuertes músculos y segrega los famosos **jugos gástricos**. ¿Qué hacen? Estos jugos son ácidos y disuelven la comida para que puedas digerirla bien. Además, ayudan a destruir las bacterias que pueden encontrarse en los alimentos que comes.

10. **El páncreas:** este órgano no es de los más conocidos, pero puedes identificarlo fácilmente en la imagen: es una glándula larga y plana, ubicada detrás del estómago. ¿Cuál es su función? Produce unas **enzimas** que participan de la digestión de los alimentos. ¡Pero eso no es todo! El páncreas produce la insulina y el glucagón, que ayudan a regular y controlar el nivel de azúcar en sangre. Este tipo específico de azúcar se llama **glucosa**.

11. **Los riñones:** si bien parecen gemelos idénticos, en realidad tienen una leve diferencia de tamaño: ¡el riñón izquierdo es apenas mayor que el derecho! Tienen forma de alubia o poroto, de color rojizo (entre marrón y morado), y su principal función es eliminar los productos de desecho y el exceso de líquido del cuerpo, que son expulsados mediante la orina. Los riñones también regulan el sodio, el potasio y contenidos de ácido, y son los encargados de producir hormonas muy importantes para tu cuerpo.

12. **El bazo:** ¡aquí hay otro órgano del que quizás no has escuchado hablar demasiado! Sin embargo, tiene una importante función: elimina las células viejas o lesionadas de tu cuerpo, y regula la cantidad de sangre y de células sanguíneas que circulan por tu organismo. Además, destruye los gérmenes que detecta en la sangre que pasa a través suyo mediante unos **glóbulos blancos** llamados linfocitos y macrófagos. Y como es muy precavido... almacena sangre y hierro... ¡por si tu cuerpo en algún momento lo necesita!

13. **El intestino delgado:** su función es continuar el proceso de la digestión de los alimentos que vienen de tu estómago; es decir, los disuelve todavía más para poder absorber sus nutrientes (vitaminas, minerales, carbohidratos, grasas y proteínas) y el agua para usarlos en tu cuerpo.

14. **El intestino grueso:** este órgano tiene un contorno entre 7 y 10 centímetros, y al extenderlo tiene un largo de... ¡1,5 metros! El intestino grueso recibe los elementos que no ha digerido el intestino delgado, absorbe el agua y forma los desechos sólidos (heces o excremento).

15. **La vejiga:** es una especie de saco o bolsa que almacena y retiene la orina hasta el momento en que deseas ir al baño. ¿Quieres saber un dato curioso? La vejiga puede almacenar casi medio litro de orina de 2 a 5 horas. Ahora bien... ¿cómo es que expulsamos la orina? ¡Sigue leyendo!

16. **La uretra:** ¡aquí tienes la respuesta! La uretra es un conducto que transporta la orina hacia el exterior de tu cuerpo.

17. **El recto:** este es el tramo final del intestino grueso. Aquí se almacena la materia fecal que es expulsada del cuerpo cuando vas al baño... ¡y tiras de la cadena!

SABÍAS QUE...

La unidad más pequeña y fundamental de los organismos vivos se llama célula. ¿Puedes imaginar cuántas células forman tu cuerpo? ¡37,2 billones! Las células son tan diminutas que deben observarse con microscopio. ¿Y quieres saber otro dato curioso? El 61% de tu cuerpo es... ¡agua! ¡El cuerpo humano no dejará de sorprenderte!

✕ **Como has visto, ¡todos los órganos de tu cuerpo son muy útiles e inteligentes!**

TU PIEL ES... ¡UN ÓRGANO!

Ya conoces los principales órganos del cuerpo humano... ¿no es cierto? Ahora bien, en estas páginas hablaremos de la piel, que es el órgano... ¡más extenso de todo tu cuerpo! Si bien el intestino delgado tiene el primer premio en longitud (de 6 a 7 metros; en el cuerpo se encuentra replegado, pero imagina que lo estiras como una cuerda...), la piel es el órgano con mayor extensión y en ella reside el **sentido del tacto**. ¡Investiguemos un poco más!

DATOS CURIOSOS SOBRE LA PIEL

¿Cuánto espacio ocupa? Aproximadamente 2 m^2.

¿Cuál es su espesor? Varía entre los 0,5 mm (en los párpados) a los 4 mm (en el talón).

¿Cuál es su peso total aproximado? 5 kilogramos.

Multifunción

La piel, como otros órganos del cuerpo humano, desempeña muchas funciones. Veamos algunas de las más importantes:

✔ Es una barrera o escudo protector **impermeable** (no deja que el agua u otro fluido ingrese al organismo) y flexible entre el mundo exterior y todos los sistemas y órganos internos. Nos protege de virus, bacterias o toxinas del mundo exterior.

✔ Debido a mecanismos celulares e inmunológicos, te protege de enfermedades, te advierte de temperaturas extremas y amortigua golpes o lesiones.

✔ Regula el **metabolismo** (conjunto de reacciones químicas que efectúan las células de tu cuerpo); es decir, retiene líquidos, células y otras sustancias que necesita el cuerpo. ¡Te mantiene hidratado/a y saludable!

✔ La piel tiene la capacidad de evaporar el agua de tu organismo mediante el sudor (como cuando hace calor o realizas un deporte). El sudor sirve para... ¡refrescarte! Y así, la piel regula la temperatura de tu cuerpo.

✔ Cuando te expones directamente al sol, la piel absorbe lo necesario para generar e incorporar vitamina D. Es difícil encontrar esta vitamina tan importante en los alimentos que comes, ¡por eso la piel hace su trabajo para que no te falte! ¿Y por qué es tan necesaria la vitamina D? Porque se encarga de mantener saludables a los huesos y los tejidos óseos de tu cuerpo.

Protege tu piel

Como hemos visto, la piel te protege de muchos factores externos y funciona como una barrera protectora. También sabemos que exponernos al sol es necesario para que la piel pueda absorber vitamina D... Y otro dato interesante: en la capa exterior de la piel hay células que contienen un pigmento llamado **melanina**, que protege la piel de los rayos ultravioleta.

Ahora bien, ¡presta atención! Si bien tu piel contiene melanina, debes tomar precauciones extra cuando estés al sol. Debes aplicarte protector solar para disminuir los efectos nocivos (que hacen daño) de la radiación o exposición a los rayos ultravioletas, porque además de quemar pueden provocar molestias o enfermedades en la piel durante la exposición prolongada.

LAS CAPAS DE LA PIEL

Ahora veremos la estructura de la piel, que está conformada por capas, ¡sí, como un pastel! Tiene dos partes principales: la **epidermis**, que es la capa exterior, y la **dermis**, que es la capa interior. ¿Qué funciones tienen y qué otros elementos conforman tu piel?
¡Continúa leyendo y lo sabrás!

Estructura de la piel

1. **Epidermis:** como ya sabes, esta es la capa externa de la piel, la que puedes ver y tocar. Es un tejido que envuelve todo tu cuerpo formado por numerosas capas de células que cubren la dermis y la protegen del mundo exterior. La epidermis produce una sustancia llamada **queratina**, que impermeabiliza y fortalece la piel. También produce **melanina**, que, además de protegerte de los rayos ultravioletas, es la responsable del tono de tu piel (¡y del color de tus ojos y cabello!). Podemos decir, entonces, que tu piel ¡es como un supertraje!

2. **Dermis:** esta capa interior es más gruesa que la epidermis, y se encuentra debajo de ella. ¿Alguna vez te has preguntado cómo es que sientes lo que tocas, o cómo notas el viento sobre tu rostro, o el calor o el frío en tu piel? Bueno, ¡es una de las funciones de la dermis! Posee **terminaciones nerviosas** encargadas de comunicarte cómo sientes lo que tocas o cualquier estímulo que interactúe con tu piel. Además, la dermis contiene **vasos sanguíneos** por donde circula la sangre y que le aporta a la piel el oxígeno que necesita, **glándulas sebáceas** que producen sebo (el aceite natural de tu piel, que se eleva a la epidermis y la mantiene lubricada) y **glándulas sudoríparas** que producen el sudor (que sale a través de los poros de tu piel). La dermis también contiene **colágeno** y **elastina**, dos sustancias que hacen que tu piel sea... ¡resistente y flexible a la vez!

3. **Hipodermis:** esta es una capa **subcutánea**; es decir, que se encuentra debajo de la dermis. La hipodermis está compuesta principalmente de **grasa** y su función es almacenar nutrientes y amortiguar cualquier impacto sobre tu cuerpo (por ejemplo, si te cayeras o te golpearas con algo). En esta capa de tu piel es donde nace el **cabello** o el **vello** (pelo más corto y suave que el de la cabeza, que sale en algunas partes del cuerpo humano, excepto en tus labios, las palmas de tus manos y las plantas de tus pies). Tanto el cabello como el vello crecen a través de unos pequeños conductos llamados **folículos**. Cada folículo tiene su raíz en la hipodermis y se extiende a través de la dermis hacia el exterior. ¿Quieres saber un dato curioso? ¡Tienes más de 100.000 folículos solo en tu cabeza, aunque algunos expertos creen que son 150.000!

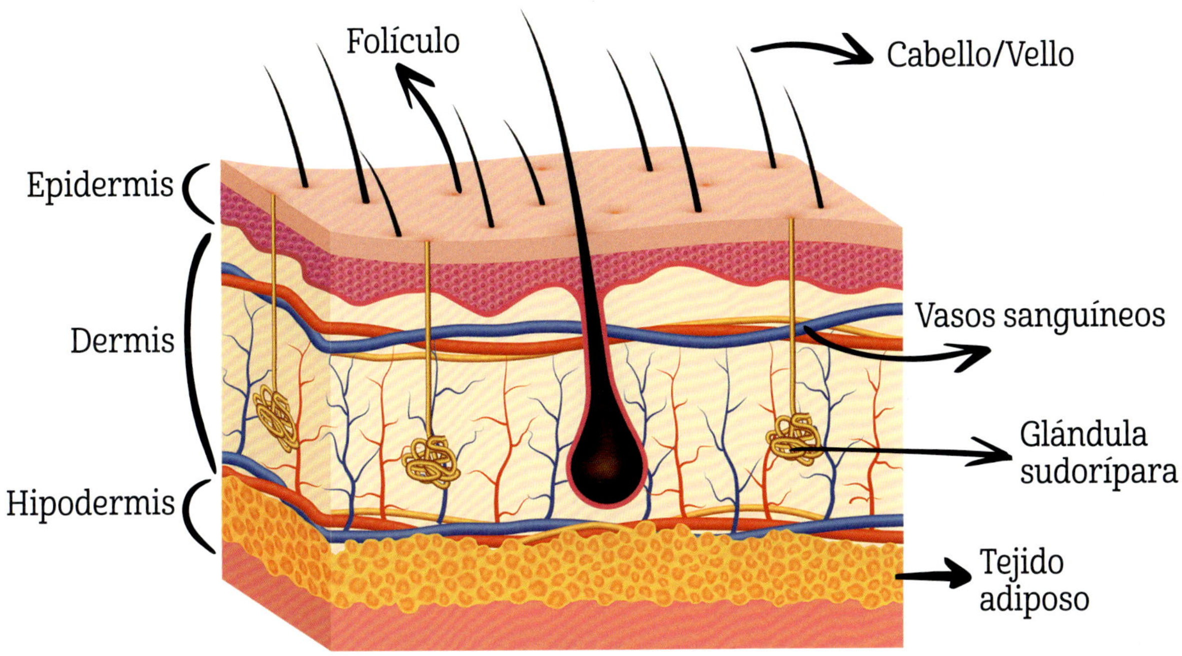

SABÍAS QUE...

¡En casa puedes ver tus glándulas sebáceas en acción! (Recuerda que son las encargadas de lubricar tu piel). ¡Anímate! Sostén un alfiler con tus dedos índice y pulgar. Deja el alfiler sobre una mesa, en un lugar seguro. Después, lava tus manos con abundante agua y jabón, y sécalas. Ahora intenta agarrar nuevamente el alfiler. Notarás que esta vez no es tan fácil. ¿Qué ha sucedido? La barrera pegajosa de tu piel ya no está ahí, pero regresará pronto, a medida que las glándulas sebáceas produzcan nuevamente un poco más de esa sustancia pegajosa. ¿Cómo ha resultado tu experimento?

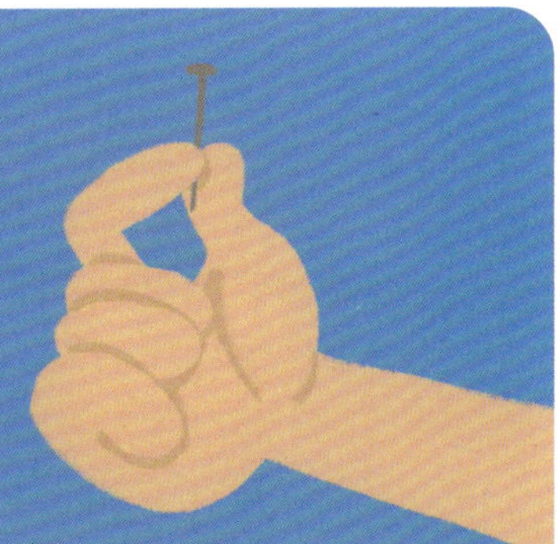

✗ Como has podido observar, tu piel es compleja ¡y muy sensible!

SISTEMAS EN ACCIÓN

Ya hemos dado un primer vistazo al cuerpo humano, sus partes y órganos principales. ¡Ahora iremos un poco más allá! Conocerás los sistemas más importantes que organizan tu cuerpo, y que son vitales para su funcionamiento.

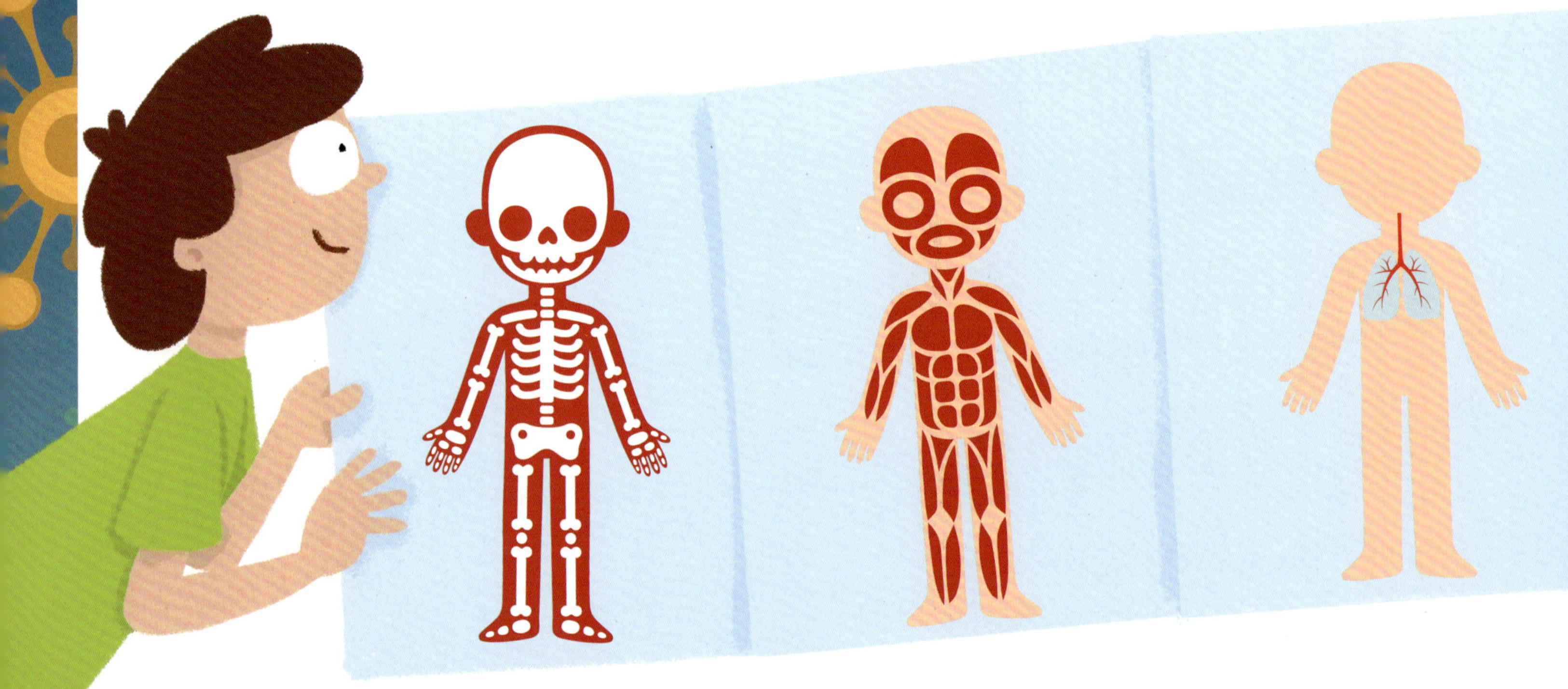

Principales sistemas del cuerpo humano

1. **El sistema esquelético:** tiene dos funciones básicas: en primer lugar, protege tus órganos internos de cualquier posible daño... ¡es un gran sistema de defensa! En segundo lugar, te permite moverte. El esqueleto es una estructura fundamental de tu cuerpo: claro, ¡los huesos! Ellos también almacenan calcio y producen células sanguíneas.

2. **El sistema muscular:** está compuesto por distintos tipos de **músculos** (órganos que poseen principalmente fibras que se contraen y expanden, como un elástico). Este sistema te permite desplazarte y mantener la postura. Pero, además, participa del funcionamiento de órganos vitales, ¡como el corazón!

3. **El sistema respiratorio:** su función es obtener el oxígeno del medio exterior para respirar. Lleva el oxígeno a todos los tejidos y órganos, y elimina de tu cuerpo el dióxido de carbono.

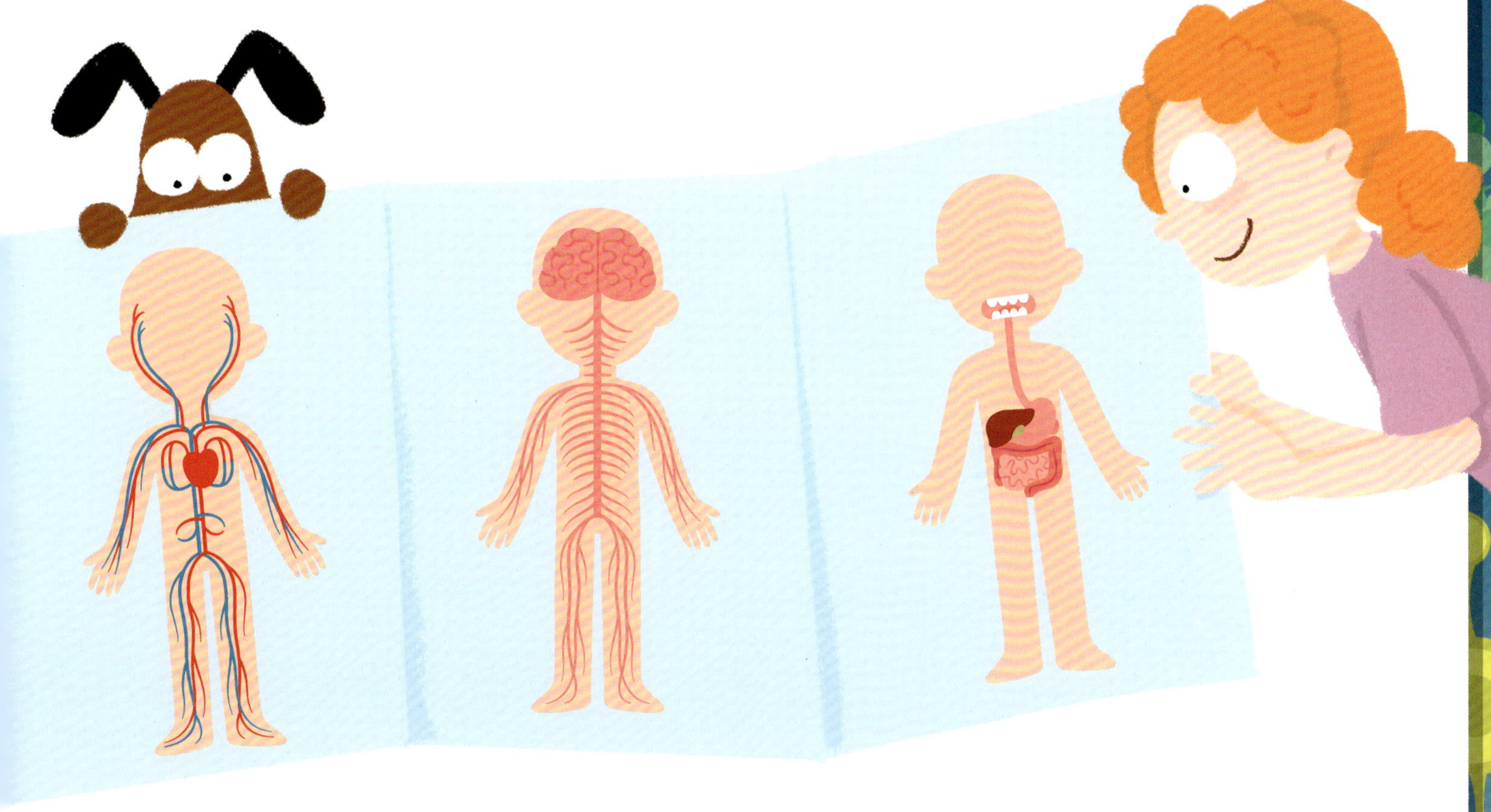

4. **El sistema circulatorio:** su principal misión es transportar y llevar oxígeno y nutrientes a todas las células de tu cuerpo. Las venas y arterias son los conductos por donde circula la sangre.

5. **El sistema nervioso:** ¡te presentamos al más complejo de los sistemas del cuerpo humano! Participa de tu desarrollo, conocimiento e interacción con el medio en el que vives. Es tan complejo y poderoso que se divide en dos subsistemas:

- ✔ Sistema nervioso central (el encéfalo dentro del cráneo y la médula espinal rodeada por las vértebras de la columna).
- ✔ Sistema nervioso periférico (los **nervios sensitivos y motores**; es decir, fibras que te permiten sentir ciertos estímulos y moverte).

6. **El sistema digestivo:** transforma los alimentos que comes en nutrientes que son utilizados por el cuerpo para funcionar bien y desarrollarse de forma saludable. Participa también del proceso de desechar de tu organismo aquellas sustancias que no le son útiles.

✘ **En las próximas páginas, conocerás más en profundidad cada uno de estos maravillosos sistemas... ¡En acción!**

SISTEMA ESQUELÉTICO

¡A MOVER EL ESQUELETO!

Los seres humanos tenemos un esqueleto interno con.... ¡múltiples funciones! ¿Sabes cuáles son? Esta maravillosa estructura sostiene tu cuerpo, protege los órganos internos y te permite moverte de un lado a otro (fenómeno conocido como locomoción).

El esqueleto es un conjunto de piezas óseas o huesos, que se conectan entre sí a través de ligamentos, tendones, músculos y cartílagos.

Pero antes de continuar, veamos cómo se compone el esqueleto y los nombres de los huesos más importantes:

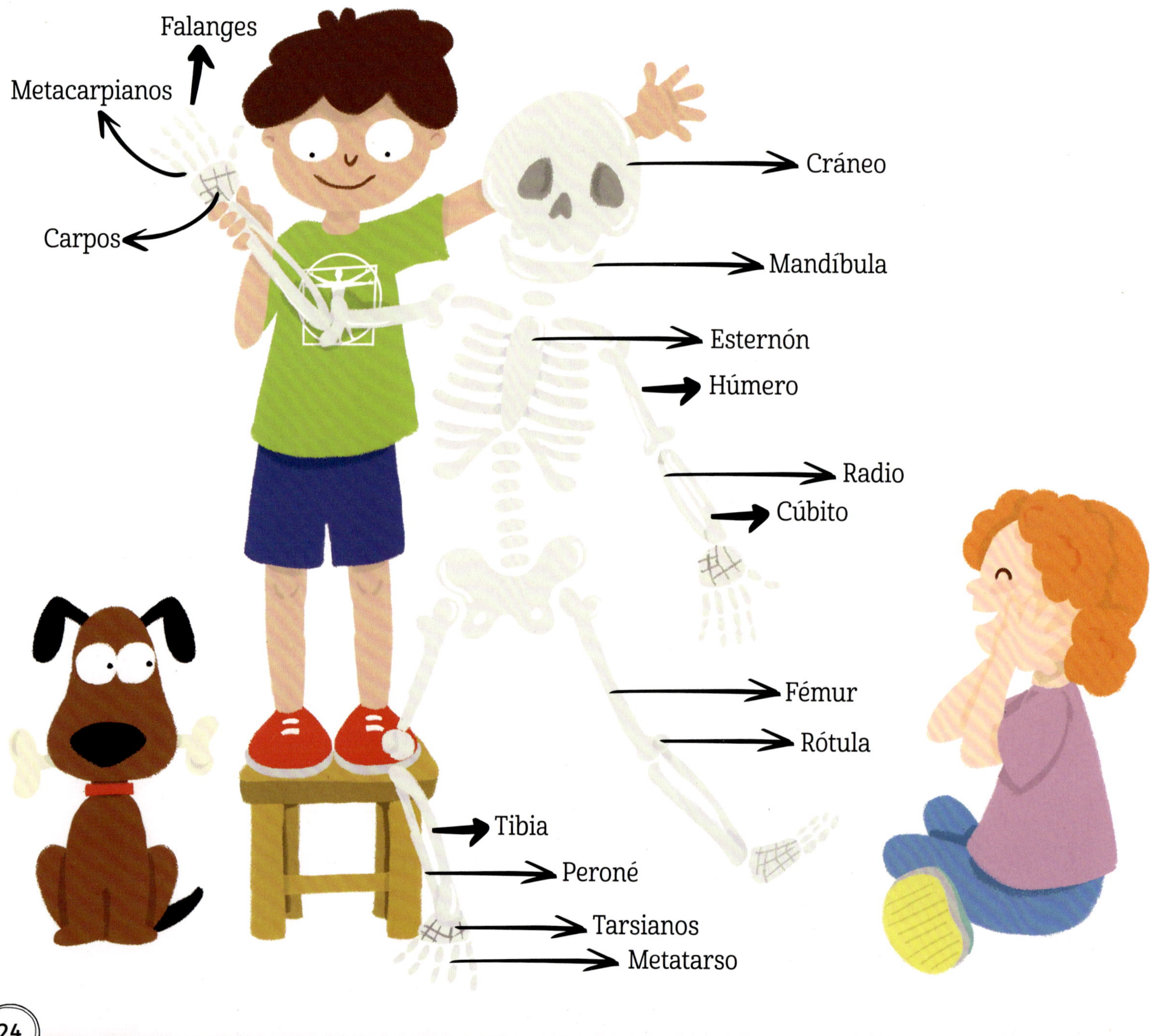

Composición de los huesos

Los huesos están compuestos principalmente de células, proteínas y minerales, como el **calcio** y el **fósforo**. Las células óseas incluyen los **osteoblastos**, que forman el tejido óseo y depositan los componentes de la matriz ósea, y los **osteocitos**, que mantienen la matriz y regulan su mineralización (transferir los minerales a los huesos).

La **matriz ósea** es una estructura compleja que contiene colágeno y una matriz amorfa rica en proteoglicanos y glicoproteínas. ¡Esta matriz le brinda una estructura resistente y flexible al esqueleto!

El calcio y el fósforo se depositan en la matriz ósea en forma de cristales de hidroxiapatita, lo que da al hueso su resistencia a la compresión y la tracción. También hay otros minerales presentes en tus huesos, como el magnesio y el sodio.

¡Pero aquí no termina todo!

Además de las células, la matriz y los minerales, los huesos también contienen vasos sanguíneos, nervios y otros tejidos conectivos, como el cartílago y el tejido adiposo.

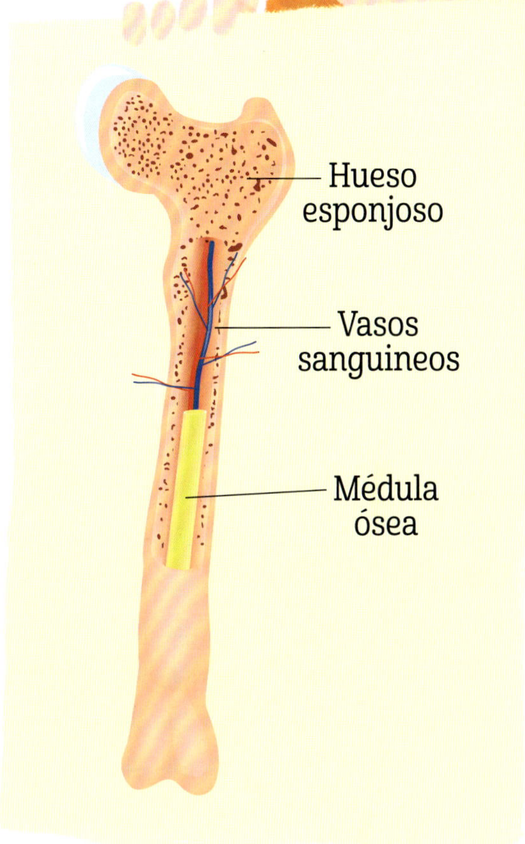

¿Y los huesos de los niños?

¡Son más blandos y más flexibles que los huesos de los adultos! ¿Por qué? Porque tus huesos contienen más colágeno, que les da mayor flexibilidad.

A medida que creces, los huesos se vuelven más rígidos y duros debido a la mayor presencia de minerales , como el calcio y el fósforo.

LOS NÚMEROS DE TUS HUESOS

¿Te has preguntado en alguna oportunidad cuántos huesos tiene tu esqueleto? ¿Y dónde están ubicados? Es un dato que siempre llama la atención y que ha sido motivo de largos debates y discusiones entre los científicos, pero... ¡han tenido que ponerse de acuerdo! Aquí te mostramos las conclusiones a las que llegaron después de muchos años de estudiar y observar el esqueleto humano.

¡Cifras interesantes sobre tus huesos!

Puedes compartir esta información con amigos y familiares. ¡O pregúntales si saben cuántos huesos tiene el cráneo, a modo de adivinanza! ¿Alguien se ha acercado a la cifra real? ¡Ahora tienes datos curiosos para compartir con ellos!

206 es la cantidad de huesos de un adulto. Sin embargo, los bebés tienen de 300 a 350 huesos. ¿Cómo es posible? Al crecer, los huesos más pequeños se unen para formar otros más grandes. ¡Esto explica la diferencia en la cantidad de huesos a medida que creces!

Ahora, veamos su ubicación:

22 huesos forman el cráneo (8 huesos del cráneo y 14 de la cara).

33 son las vértebras que conforman la columna vertebral.

25 son los huesos del tórax.

64 huesos en total en la cintura escapular y miembros superiores (32 por lado).

62 son los huesos de la cintura pélvica y miembros inferiores (31 por lado).

Suma estos números y verás que el resultado es... ¡206!

¿Qué es la cintura escapular?

Se trata de una estructura ósea que conecta los miembros superiores de tu cuerpo con el esqueleto axial (cráneo, columna vertebral y tórax). Está compuesta por dos huesos en forma de triángulo llamados **clavículas** (uno por lado) y dos huesos planos y triangulares llamados **omóplatos** o **escápulas** (uno por lado).

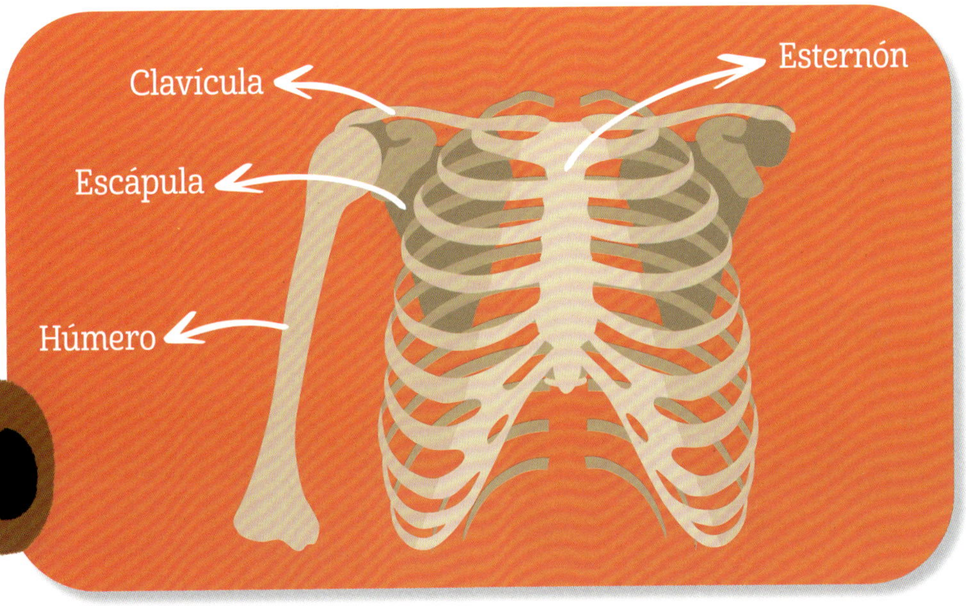

¿Y la cintura pélvica?

Es una estructura ósea que se encuentra en la parte inferior del tronco, justo debajo de tu abdomen. Está formada por varios huesos: huesos de la cadera, el sacro y el coxis.

¡Tiene varias funciones muy importantes! Soporta el peso de tu cuerpo y transfiere la carga del tronco a las piernas y los pies para que puedas... ¡caminar, correr y saltar! Además, protege los órganos internos de la pelvis, como la vejiga y los órganos reproductivos.

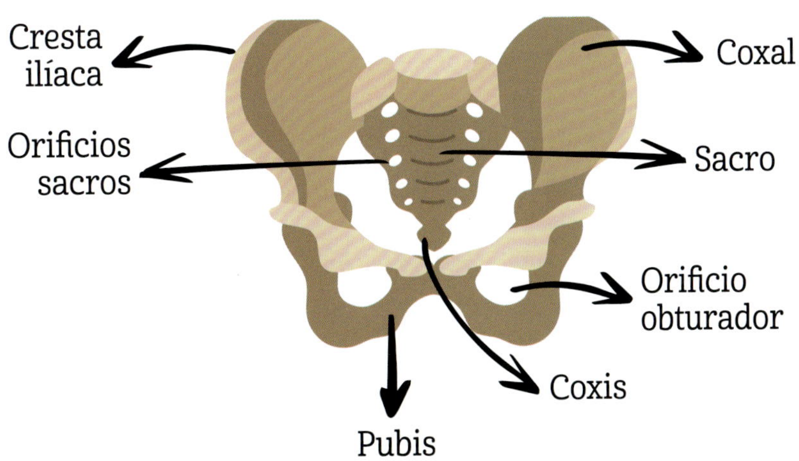

¿CÓMO SE CONECTAN LOS HUESOS?

Ya vimos que tus huesos son resistentes, pero algunos tienen más movilidad que otros. ¿A qué se debe eso? A que los huesos se conectan entre sí mediante diferentes tipos de articulaciones (unión entre dos o más piezas), que varían según su ubicación y función. Cada tipo de articulación permite diferentes niveles de movimiento y estabilidad entre los huesos.

¡Veamos este tema más en detalle!

Las **articulaciones** son los lugares donde se unen dos o más huesos. Algunas son **móviles**, como el codo, que es una articulación que une el brazo con el antebrazo; es decir, conectan el húmero (hueso del brazo) con el cúbito y el radio (huesos del antebrazo). Pero también hay articulaciones **semimóviles**, como las de las vértebras, e **inmóviles**, como las del cráneo, que es una especie de "caja" ósea que contiene y protege el encéfalo.

Los **ligamentos** son bandas de tejido fibroso que se encuentran en las uniones de dos o más huesos o articulaciones móviles. Estas bandas de tejido fibroso están recubiertas por una membrana que produce el líquido sinovial que sirve como lubricante y disminuye el roce entre los huesos.

Los **cartílagos** son tejidos fuertes y resistentes que recubren los huesos. ¿Cuál es su principal objetivo? Amortiguar los golpes que se producen cuando caminas o saltas.

Parece muy complicado, ¡pero en realidad no lo es! En la siguiente imagen puedes observar todos estos elementos en un dibujo de la articulación móvil de la rodilla:

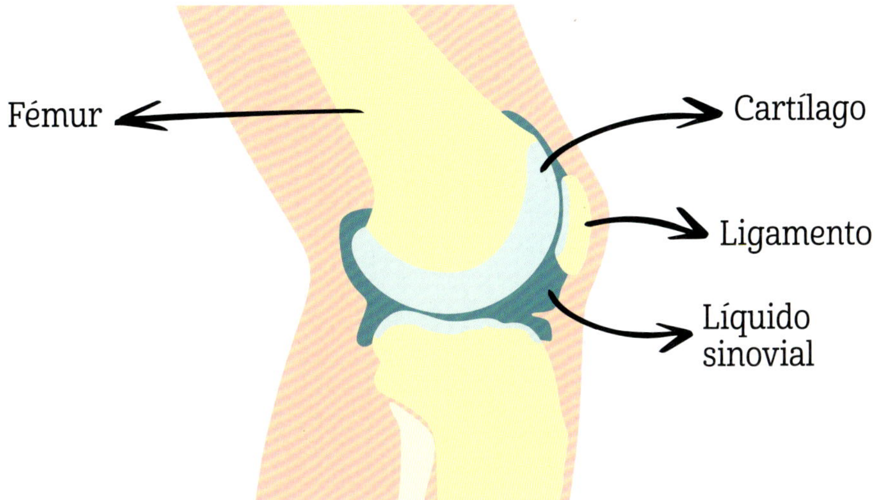

SABÍAS QUE...

La salud de las articulaciones es muy importante para el bienestar general de tu cuerpo. Aquí encontrarás simples pero valiosas recomendaciones que puedes poner en práctica... ¡en tu vida diaria!

1) Una dieta rica en nutrientes (los alimentos ricos en calcio, vitamina D y omega-3 son especialmente beneficiosos).

2) ¡Mantente activo! (la actividad física regular ayuda a fortalecer los músculos alrededor de las articulaciones y mejorar la flexibilidad y la movilidad).

3) Protege tus articulaciones de lesiones (usa equipo protector al practicar deportes y actividades físicas donde se vean exigidas algunas articulaciones, como la muñeca en el tenis o en el hockey).

4) Descansa adecuadamente (el descanso y la recuperación son importantes para permitir que las articulaciones se reparen y se recuperen después de la actividad física).

SISTEMA MUSCULAR

FUERZA Y MOVIMIENTO

¡Conoceremos ahora las características del sistema muscular! Las funciones principales de este sistema son generar movimiento y estabilidad a tu cuerpo (poder estar de pie, caminar, correr, saltar, etc.); además, algunos músculos te ayudan a levantar y sostener el peso de tu mochila, por ejemplo, y otros te permiten hablar y gesticular.

Una primera pregunta que surge, entonces, podría ser... ¿qué es un músculo? Es una masa de tejido fibrosa, y estas fibras tienen la propiedad de ser **contráctiles**; es decir, de contraerse para acortarse y de relajarse para estirarse (sí, ¡como un elástico!). Los huesos se mueven por los músculos que se acortan y se estiran. ¿Lo sabías?

Ahora bien, los músculos que mueven tu esqueleto se llaman **músculos voluntarios** porque puedes controlarlos (puedes levantar un brazo o mover un pie... sonreír o alzar las cejas... ¡cuando tú quieras!), a diferencia de los **músculos involuntarios** que no puedes dominar, como el corazón.

Observa en la imagen la ubicación y los nombres de los principales músculos (voluntarios) del cuerpo humano:

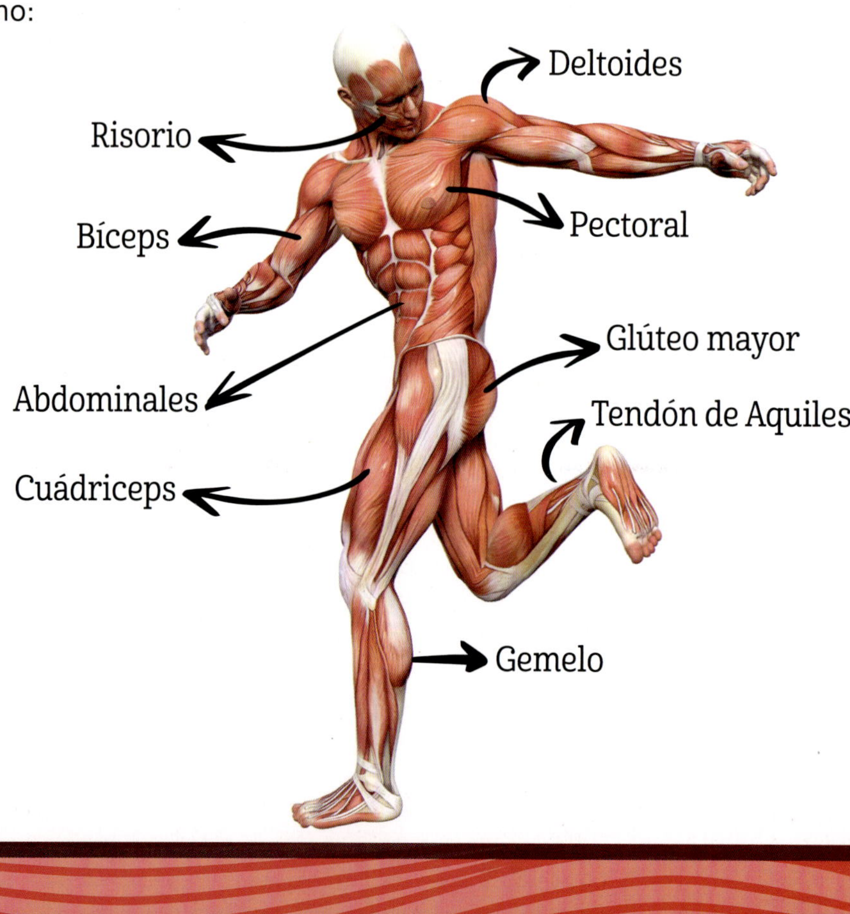

¿Y los músculos involuntarios... cuáles son?

Aquí hablaremos sobre estos importantes músculos de tu cuerpo. Recuerda que no puedes controlarlos, ¡ellos cumplen su tarea y trabajan sin que debas hacer nada!

- Músculos lisos: se encuentran en los órganos internos del cuerpo, como el estómago, los intestinos y las arterias. Estos músculos permiten que tus órganos funcionen correctamente.

- Músculos cardíacos: se encuentran en el corazón y son responsables de mantener el ritmo cardíaco regular. Estos músculos se contraen y se relajan de manera rítmica para bombear la sangre por todo tu cuerpo.

¡ATENCIÓN!

Un músculo muy importante que se suele pasar por alto es el **diafragma**. Este es un músculo grande en forma de cúpula o bóveda que separa el tórax del abdomen y es el principal músculo involucrado en la respiración (la mayoría del tiempo trabaja de manera involuntaria). Gracias al diafragma, ¡podemos respirar correctamente!

SABÍAS QUE...

¡Los músculos más fuertes del cuerpo humano son los músculos de las piernas! Pero, además, otro músculo muy grande y fuerte es el glúteo mayor, responsable de extender la cadera y la pierna hacia atrás. ¿Y quieres conocer otro dato curioso? Se cree que el cuerpo humano tiene alrededor de... ¡600 músculos!

SISTEMA RESPIRATORIO

UNA BOCANADA DE AIRE FRESCO

¿Quién te permite inspirar aire fresco y obtener el oxígeno que tu cuerpo necesita? ¡El sistema respiratorio! Es el encargado de llevar el oxígeno (aire fresco) a todos los tejidos y órganos para recargarlos de energía, y eliminar de tu cuerpo desechos y dióxido de carbono (aire viciado).

Como ya imaginarás, los órganos principales de este sistema son los **pulmones**, que por fuera son rosados y algo blandos. Están ubicados en el tórax y son tan grandes que ocupan mucho espacio (tienen aproximadamente unos 26 cm de alto y 15 de diámetro en adultos, pero depende del peso y de la contextura física de la persona). Como hemos comentado en páginas anteriores, tu pulmón izquierdo es un poco más pequeño que tu pulmón derecho porque necesita hacerle un poco de lugar a otro órgano... ¡tu corazón!

Los pulmones están protegidos por la **caja torácica**, formada por 12 pares de costillas que se conectan con tu columna por detrás (recuerda que la función de algunos huesos es mantener seguros a los órganos internos de tu cuerpo). Entonces, podemos decir que la caja torácica es... ¡una especie de armadura protectora!

Ahora bien, por debajo de tus pulmones se ubica el **diafragma**, que es un músculo en forma de cúpula o bóveda. ¿Sabes cuál es su función? Trabajar con tus pulmones para permitirte inhalar (inspirar) y exhalar (espirar) aire. Cuando respiras, los músculos respiratorios como el diafragma y los músculos intercostales (ubicados entre las costillas) se contraen y se expanden, permitiendo que los pulmones se llenen de aire.

¿Quieres sentir tus pulmones?

Ya conoces su ubicación, pero no puedes verlos porque son órganos internos de tu cuerpo. Sin embargo, ¡es fácil sentirlos cuando están en acción! Haz la siguiente prueba: coloca las manos sobre tu pecho y realiza una profunda inspiración (deja entrar mucho aire). ¿Notas cómo tu pecho se expande? Ahora, exhala (deja salir el aire)... ya ves cómo tu pecho vuelve a su tamaño normal. ¡Así trabajan tus pulmones, solo basta prestarles un poco de atención!

Estructura del sistema respiratorio

El sistema respiratorio está compuesto por las **fosas nasales** (nariz), la **faringe**, la **laringe**, la **tráquea**, los **bronquios** y los **pulmones**. Cuando respiras, el aire ingresa por tus fosas nasales (cavidades de la nariz que están separadas por un tabique), pasa por varios órganos en forma de tubo y llega a los pulmones. En los pulmones, el aire se divide en pequeñas ramificaciones llamadas bronquios y **bronquiolos**, hasta llegar a los **alvéolos**, que son unos pequeños sacos donde se realiza el intercambio de gases. Es decir, los alvéolos se llenan de aire para pasar el oxígeno a la sangre y eliminar el dióxido de carbono.

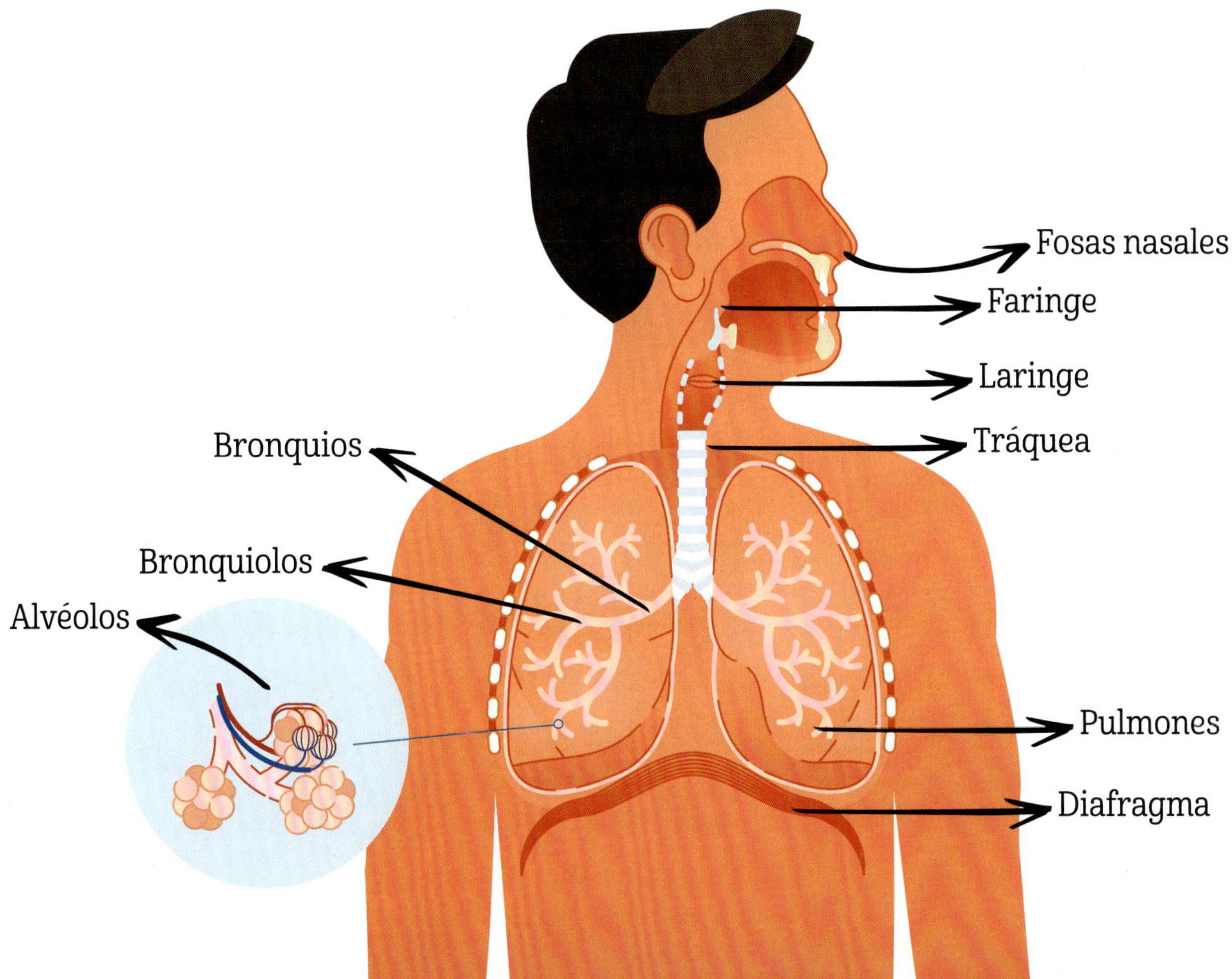

HABLEMOS DE LAS CUERDAS VOCALES

Tus pulmones son fundamentales para respirar... ¡pero también para hablar, cantar o reír! ¿Cómo es posible? En tu laringe se encuentran las **cuerdas vocales**, que son pliegues de tejido interno que se abren y se cierran para emitir... ¡sonidos! El aire que exhalas los hace vibrar y así se produce el sonido de tu voz.

La cantidad de aire que expulses de tus pulmones determina la fuerza del sonido y su duración. Si tomas aire en una inhalación muy profunda e intentas hablar, comprobarás que no podrás hacerlo por mucho tiempo, ya que necesitarás respirar para poder continuar. ¡Haz la prueba! Cuando te ríes, verás que expulsas aire poco a poco; y si deseas gritar un gol o festejar un logro con un grito de alegría, necesitarás tomar una cantidad de aire mayor luego de hacerlo.

Fenómenos curiosos de todos los días

Ahora bien, hay algunos otros fenómenos relacionados con la respiración que debes conocer porque nos sucede a todos los seres humanos. Por ejemplo, ¡el hipo! ¿Qué ocurre cuando tienes hipo? Esto te sucede porque el diafragma se mueve de una forma tan extraña que hace que inspires aire de repente... Y cuando el diafragma se contrae de manera involuntaria, se produce una inhalación repentina de aire, que es lo que produce el sonido característico del hipo.

¿Y si corres una carrera? ¿Notas un cambio en el ritmo de tu respiración? ¡Por supuesto! Los pulmones trabajan con el cerebro para ayudarte a inhalar y exhalar una mayor cantidad de aire a una mayor velocidad mientras corres; es decir, ¡se adaptan a tus necesidades!

Cuida tu sistema respiratorio para mantenerte saludable y sentirte mejor al realizar tus actividades. Algunas recomendaciones simples que pueden ser muy buenas para tus pulmones son las siguientes: estar al aire libre y respirar aire fresco, ventilar las habitaciones para renovar el aire de tu hogar y realizar deportes o ejercicio para fortalecer los músculos respiratorios (puedes caminar, nadar, pasear en bicicleta... ¡lo que tú quieras!).
En días fríos o con mucho polvo en el aire... ¡protege tu garganta y nariz!

Tu voz es un instrumento musical, ¿lo sabías?

La voz humana es uno de los instrumentos musicales más versátiles y fascinantes del mundo. Desde una edad muy temprana, los niños pequeños pueden aprender a usar su voz como un instrumento musical (¡y tú también puedes hacerlo!). Es importante aprender algunos conceptos básicos de música, aprender a respirar correctamente y practicar ejercicios para preparar las cuerdas vocales y evitar inconvenientes o lesiones.

De cualquier manera, tienes "a mano" un instrumento fabuloso. Puedes jugar con tu voz y cantar tus canciones favoritas, inventar melodías o... ¡imitar sonidos o las voces de animales! (Puedes comenzar imitando el canto del gallo, el maullido o el ronroneo del gato, el zumbido de las abejas o el chillido del mono). Además de ser muy divertido, estos juegos con la voz promueven la creatividad y la imaginación, y te ayudan a desarrollar habilidades sociales y de comunicación.

SABÍAS QUE...

Algunos animales, como los pájaros y los monos, tienen cuerdas vocales que les permiten producir sonidos y comunicarse, o enviar señales de advertencia a otros miembros de su especie. Las ballenas tienen cuerdas vocales muy grandes y una laringe especial que les permite producir sonidos de baja frecuencia que pueden viajar y alcanzar... ¡grandes distancias!

SISTEMA CIRCULATORIO

EL LATIDO DE TU CORAZÓN

Si tan solo apoyaras tu mano en el centro de tu pecho (apenas hacia el lado izquierdo), podrías sentir los latidos de tu corazón. Recuerda que, como hemos comentado en páginas anteriores, antes de cada latido, tu corazón se llena de sangre y se encoge; es decir, se contrae (¡porque es un músculo!) para, después, impulsar la sangre hacia afuera (hacia todo el cuerpo). ¿Y sabes algo interesante? Tu corazón trabaja constantemente... ¡todo el día y toda la noche!

Ahora bien... ¿cómo es el corazón? Este órgano es un poco más grande que un puño cerrado (suele tener el tamaño de nuestra mano cerrada; ¡haz la prueba para conocer el tamaño de tu corazón!). En adultos, su peso puede oscilar entre los 200 y los 450 gramos.

El motor de tu cuerpo

Tu corazón es una especie de **bomba** (¡o dos bombas en una!):

1. **Lado derecho:** recibe sangre del resto del cuerpo y la bombea hacia los pulmones.
2. **Lado izquierdo:** hace justo lo contrario: recibe sangre oxigenada procedente de los pulmones y la bombea al resto del cuerpo.

Una **bomba** es una máquina o artefacto para impulsar agua u otro líquido en una dirección determinada.

¿Y cómo se mueve la sangre a través del corazón? (Este proceso se llama circulación). El corazón bombea la sangre a través de tus arterias, que son como tubos que llevan la sangre del corazón a todo el cuerpo. La sangre transporta oxígeno y nutrientes a las células de tu cuerpo y recoge los desechos que estas producen. La sangre también contiene glóbulos blancos que ayudan a combatir las infecciones y glóbulos rojos que transportan el oxígeno.

Una vez que la sangre ha pasado por todo tu cuerpo, regresa al corazón a través de las venas, que son como tubos que llevan la sangre de vuelta al corazón. Entonces, el corazón bombea la sangre de nuevo a los pulmones, donde se recoge oxígeno y se elimina el dióxido de carbono. El proceso empieza de nuevo.

Anatomía del corazón

La anatomía del corazón nos habla de su estructura y de su forma. Este órgano tiene **cuatro cavidades** o espacios huecos: hay dos en cada lado del corazón (una arriba y otra abajo). A continuación, veremos sus nombres y su función:

- ✔ **Aurículas** (cavidades de arriba): hay una aurícula izquierda y una derecha. Estas cavidades se llenan de la sangre que proviene del resto del cuerpo y de los pulmones.
- ✔ **Ventrículos** (cavidades de abajo): hay un ventrículo izquierdo y uno derecho. Son los encargados de bombear sangre hacia el resto del cuerpo y hacia los pulmones.

En el centro de tu corazón hay un **tabique** (también llamado septo), que es una gruesa pared vertical de músculo. Su función es separar el lado izquierdo del corazón del lado derecho.

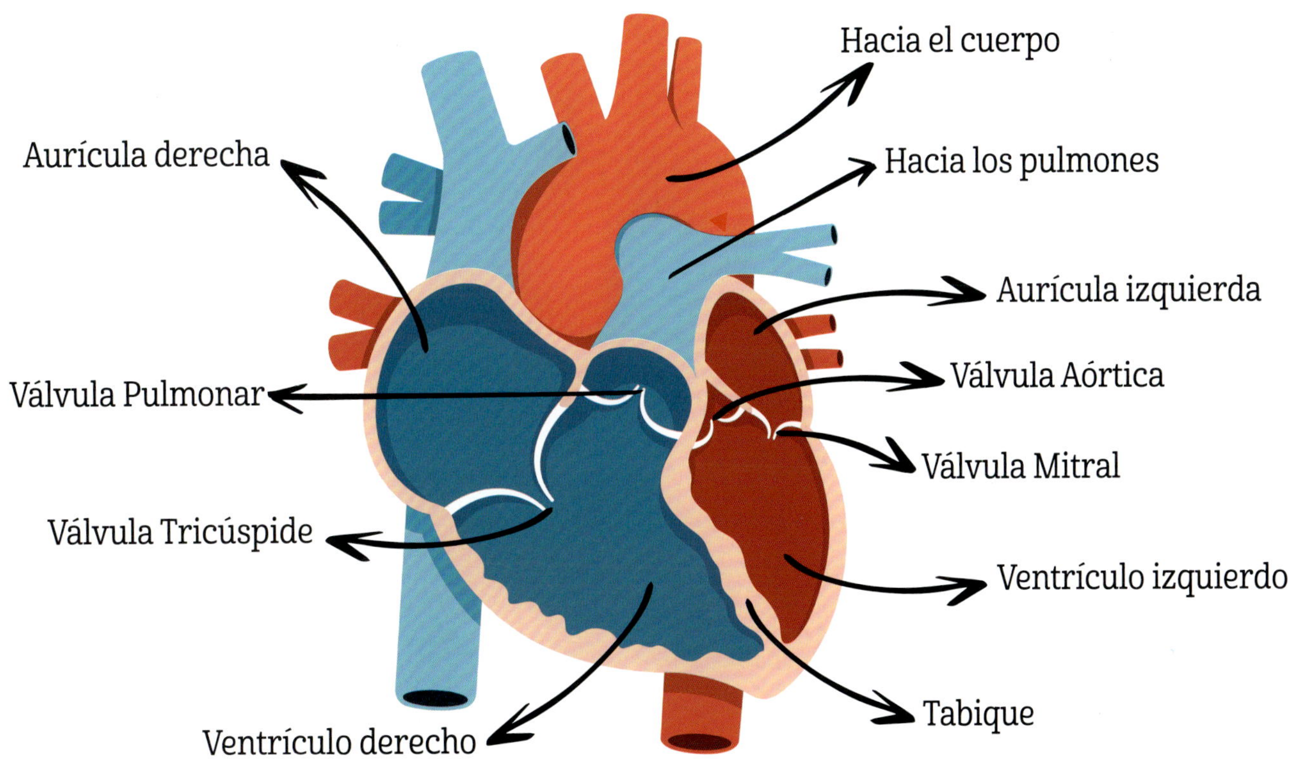

Como puedes observar en la imagen, este órgano también tiene **válvulas**. ¿Qué es una válvula? Es un mecanismo que regula el flujo entre dos partes de un órgano o sistema.
En las próximas páginas conocerás sus características principales. ¡Son esenciales para el correcto funcionamiento del corazón!

TRABAJO EN EQUIPO

La función de las aurículas y los ventrículos en la circulación de la sangre se desarrolla mediante un maravilloso trabajo... ¡en equipo!

En este proceso, las aurículas se llenan de sangre y luego la envían a los ventrículos. Entonces, los ventrículos se contraen y bombean la sangre hacia afuera. Mientras los ventrículos se contraen, las aurículas se llenan nuevamente de sangre, ¡listas para la siguiente contracción! Pero hay una pregunta muy interesante: cuando se bombea la sangre... ¿cómo sabe adónde debe ir? ¿Puede equivocarse de dirección?

Puertas inteligentes

En el corazón, hay cuatro **válvulas** especiales, que son como puertas que se abren y se cierran de manera coordinada para que todo funcione a la perfección. Se abren para que la sangre entre y luego se cierran enseguida para evitar que la sangre pueda retroceder.

Las válvulas del corazón son estructuras anatómicas que se encuentran en el interior del corazón y que permiten que la sangre fluya en una dirección determinada. El corazón tiene cuatro válvulas principales:

1. **La válvula mitral:** se encuentra entre la aurícula izquierda y el ventrículo izquierdo. Tiene dos hojas o valvas que se abren y se cierran para permitir que la sangre fluya desde la aurícula al ventrículo y luego se cierra para evitar que la sangre regrese hacia la aurícula.

2. **La válvula aórtica:** se encuentra en la salida del ventrículo izquierdo y tiene tres hojas o valvas que se abren y permiten que la sangre fluya hacia la aorta, la arteria principal del cuerpo. Luego se cierra para evitar que la sangre regrese al ventrículo.

3. **La válvula tricúspide:** se encuentra entre la aurícula derecha y el ventrículo derecho. Tiene tres hojas o valvas y funciona de manera similar a la válvula mitral, permitiendo que la sangre fluya desde la aurícula al ventrículo y luego cerrándose para evitar que la sangre regrese hacia la aurícula.

4. **La válvula pulmonar:** se encuentra en la salida del ventrículo derecho y tiene tres hojas o valvas. Permite que la sangre fluya hacia las arterias pulmonares, que llevan la sangre a los pulmones para oxigenarla. Luego se cierra para evitar que la sangre regrese al ventrículo.

¿Quieres conocer su ubicación de forma rápida y sencilla? ¡Observa la siguiente imagen!

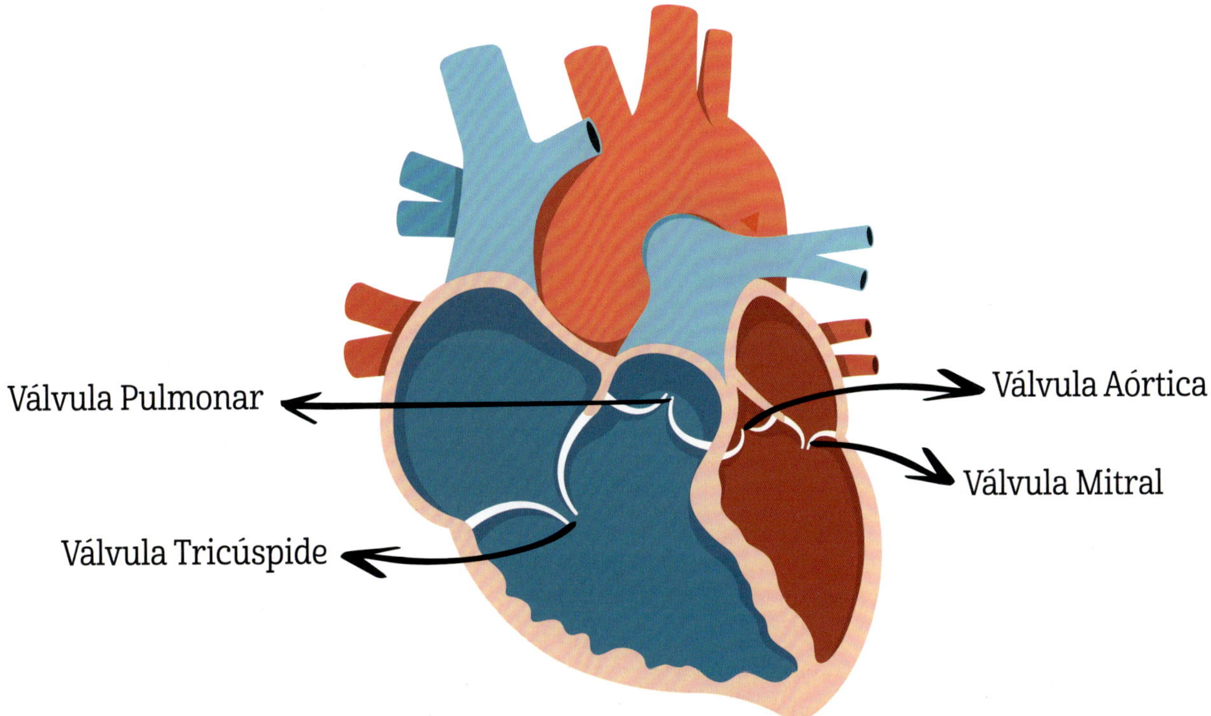

¿CÓMO CIRCULA LA SANGRE?

Ya conoces bien la anatomía de tu corazón, el principal órgano del sistema circulatorio. Ahora bien, ¿cómo circula la sangre cuando sale del corazón? Viaja a través de muchos tubos llamados arterias y venas, que, en conjunto, reciben el nombre de **vasos sanguíneos**. Estos vasos sanguíneos están conectados al corazón:

- ✔ Los vasos sanguíneos que transportan sangre desde el corazón al resto del cuerpo se llaman arterias.
- ✔ Los vasos sanguíneos que transportan sangre de regreso al corazón se llaman venas.

La **sangre** es un **tejido líquido** que posee una gran cantidad de agua (¡entre el 80 y el 90% de su composición es acuosa!). Se cree que por el cuerpo de un adulto circulan de 4,5 a 5,5 litros de sangre.

Un viaje por todo el cuerpo

El movimiento de la sangre a través del corazón y por todo el cuerpo se llama **circulación**, y es un proceso más rápido de lo que imaginas. Piensa por un segundo... ¿cuánto tiempo crees que tarda el corazón en bombear sangre a todas las células de tu cuerpo? ¿Horas, minutos? Es más veloz de lo que parece... ¡lo hace en tan solo 60 segundos!

Tu cuerpo necesita este aporte constante de sangre para funcionar como corresponde. La sangre reparte oxígeno a todas las células del cuerpo y esto las mantiene sanas, ya que necesitan de oxígeno para vivir. Veamos los pasos de este proceso circulatorio:

1. El lado izquierdo de tu corazón bombea la sangre rica en oxígeno (oxigenada) al resto del cuerpo. El cuerpo extrae el oxígeno de la sangre y lo utiliza en sus células. Cuando las células reciben el oxígeno, producen dióxido de carbono y otros materiales de desecho que se lleva la sangre. ¿Quieres pensarlo de una manera más sencilla? ¡La sangre "alimenta" a las células y luego recoge los residuos!

2. La sangre que regresa al corazón ingresa a él por el lado derecho. El ventrículo derecho bombea la sangre hacia a los pulmones para que se renueve; es decir, para oxigenarla. En los pulmones, el dióxido de carbono se elimina de la sangre y se expulsa del cuerpo cuando exhalas (observa la conexión entre la circulación y la respiración).

3. Ya has exhalado aire de tus pulmones y has eliminado los residuos que ha recogido la sangre. ¿Qué sucede después? ¡Respiras! O, mejor dicho, inspiras, haces que ingrese aire fresco a tu organismo. En ese momento, vuelve a entrar oxígeno a tu cuerpo, que la sangre incorpora para reiniciar el proceso de la circulación. ¿Has notado algo curioso? ¡Todo esto sucede en menos de un minuto!

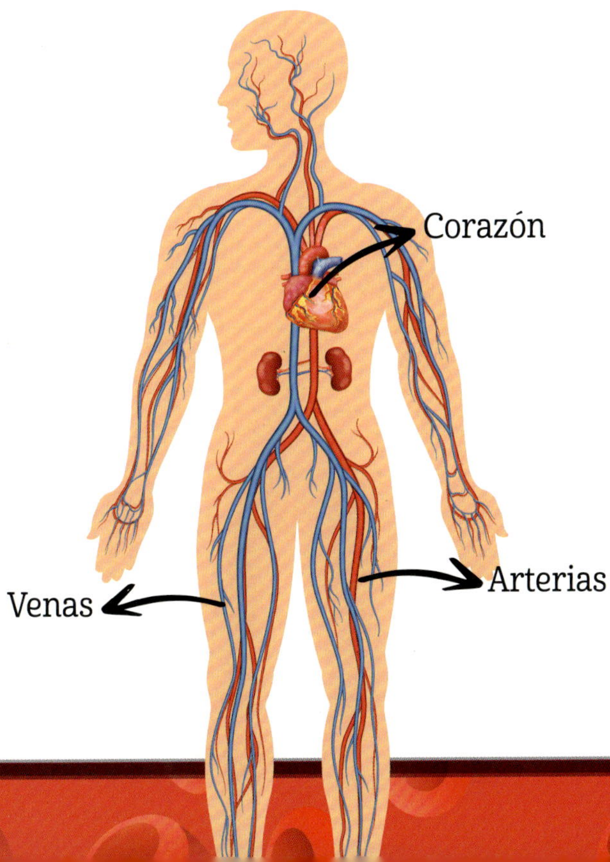

SABÍAS QUE...

La **hemoglobina**, una proteína de la sangre rica en **hierro**, es la responsable de su característico... ¡color rojo! La hemoglobina está presente en los glóbulos rojos y es la encargada de transportar oxígeno desde los órganos respiratorios hacia los tejidos. Es por esto por lo que la sangre rica en oxígeno (la que viaja por las arterias) tiene un color rojo brillante y la sangre que viaja por las venas tiene un tono más oscuro y amarronado.

SISTEMA NERVIOSO

MENSAJES PARA TU CUERPO

¿Sabes que hay un sistema en tu cuerpo que controla todo lo que haces, piensas y sientes?

Aquí te lo presentamos: el complejo y espectacular... ¡sistema nervioso! Pero... ¿dónde está ubicado? ¡Por todo tu cuerpo! ¿Lo sabías?

El sistema nervioso está compuesto principalmente por el **cerebro** (centro de control), la **médula espinal** (la autopista principal que conecta con el cerebro) y todos los **nervios** del cuerpo. Este increíble sistema procesa los estímulos que recibes del exterior. ¿Y qué hace, entonces? ¡Transmite mensajes al cuerpo para que tu cerebro los interprete y actúe adecuadamente!

A continuación, conocerás información más en detalle, ya que se divide en dos sistemas: el sistema nervioso central y el sistema nervioso periférico. De a poco iremos explicando sus funciones y características particulares. ¿Comenzamos?

Sistema nervioso central

Se compone del encéfalo (dentro del cráneo) y de la **médula espinal** (rodeada por las vértebras de la columna). ¿Cuáles son las funciones de cada una de sus partes? A continuación, encontrarás la respuesta.

1. **Encéfalo:** este es el conjunto de órganos dentro del cráneo. Aquí se ubican los siguientes órganos:

✔ **Cerebro:** este es el centro de control de todo tu cuerpo. Tiene múltiples funciones, como coordinar los movimientos, procesar la información proveniente de los sentidos, razonar... ¡y resolver problemas!

✔ **Cerebelo:** coordina los movimientos voluntarios de tus músculos y mantiene en equilibrio al cuerpo.

✔ **Bulbo raquídeo:** controla los movimientos involuntarios, como los latidos de tu corazón.

2. **La médula espinal:** si el cerebro es el centro de control de tu cuerpo, podemos decir que la médula espinal es la autopista principal que conecta al cerebro con todos los nervios de tu cuerpo. Está formada por un eje central y ramificaciones compuestas por millones de neuronas que controlan los reflejos.

Sistema nervioso periférico

Se compone de los **nervios sensitivos y motores**; es decir, de fibras que te permiten sentir ciertos estímulos y moverte. Este sistema es una red de nervios que recorre la cabeza, el cuello y el resto del cuerpo. A su vez, se divide en **somático**, un subsistema que controla las acciones que haces de manera voluntaria (por elección), como comer, caminar, bailar o tocar un instrumento. El subsistema **autónomo**, por otra parte, controla los procesos que suceden de manera automática (involuntaria), como sudar o hacer la digestión. Parece muy complicado de imaginar, pero si observas la siguiente imagen del sistema nervioso... ¡lo tendrás muy claro!

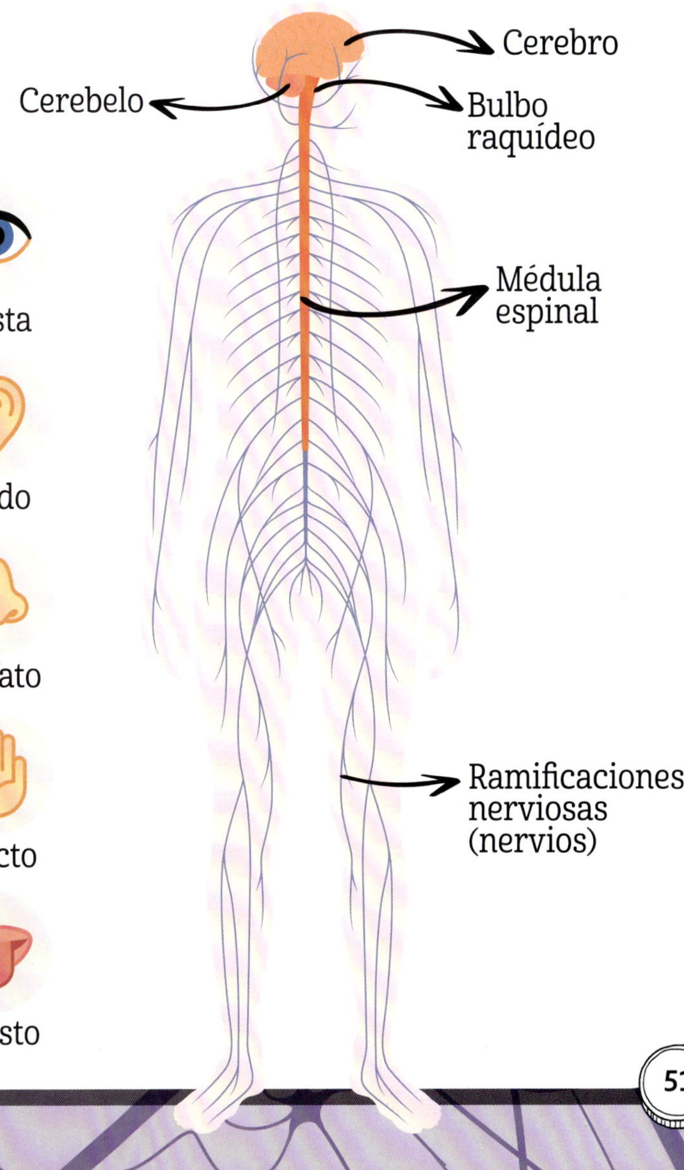

¡MÁS VELOZ QUE UNA SUPERCOMPUTADORA!

Tu cerebro es este centro de control formado por una masa de material arrugado que dirige y monitorea cada cosa que haces. Te permite pensar, aprender, buscar soluciones, ser creativo y sentir emociones (sí, hay áreas específicas del cerebro relacionadas con las emociones, aunque lo solemos relacionar con el pensamiento o las ideas).

Es un órgano hiperproductivo y muy diverso en sus funciones porque también controla, por ejemplo, la respiración, los latidos de tu corazón o cada parpadeo. ¡Tu cerebro es un órgano muy complejo y un procesador de información superinteligente y veloz!

Todo el tiempo recibes una innumerable cantidad de **estímulos** (a través de lo que ves y oyes, y de todos tus órganos sensoriales). Tu cerebro interpreta toda esta información a gran velocidad gracias a su increíble capacidad de recibir, procesar y reaccionar. ¿Sabes un dato increíble? Las **neuronas** (células básicas del sistema nervioso, especializadas en captar impulsos nerviosos) envían información al cerebro a una velocidad de hasta... ¡241 kilómetros por hora!

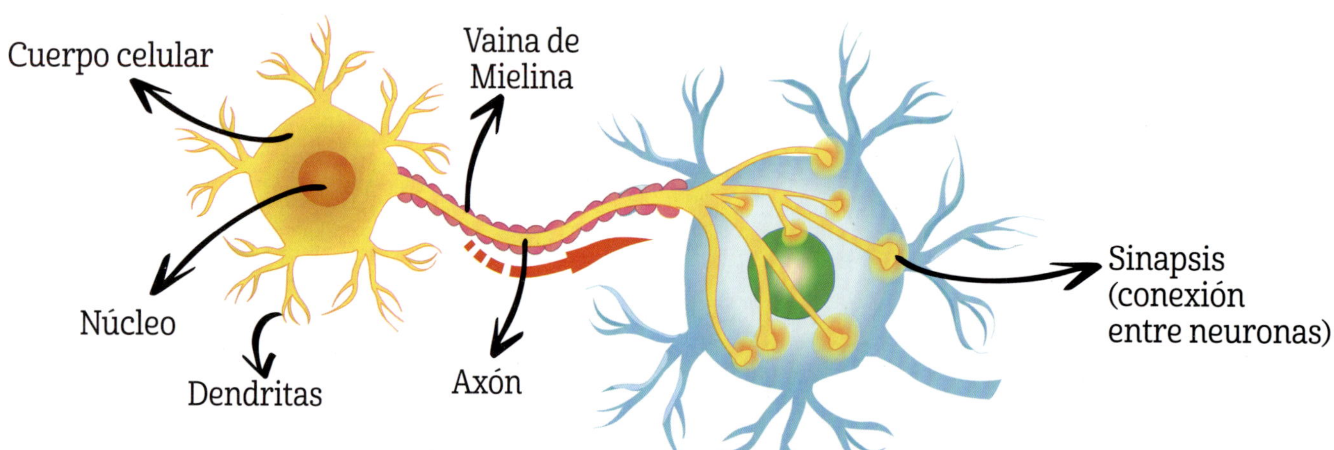

En tu cerebro hay miles de millones de **autopistas neuronales**, por donde diminutas señales químicas y eléctricas corren entre las neuronas. ¿Qué produce esta actividad constante del cerebro? ¡Todo lo que haces y sucede a tu alrededor! Si ríes, saltas, hablas o bailas, las neuronas envían incontables mensajes a tu cerebro a cada segundo. Y un dato más: la brillante actividad de tu cerebro no se detiene. ¡Asombroso! Esto también creyó Stanley B. Prusiner, un reconocido científico que ganó el Premio Nobel de Medicina en 1997, cuando dijo que "el cerebro es el objeto más fascinante del universo".

UNA BOMBILLA ELÉCTRICA

¿Qué relación tiene una bombilla con tu cerebro? ¡Que ambas producen electricidad! ¿Puedes creerlo? Los científicos han demostrado que el cerebro humano produce electricidad, ¿lo sabías? Sí, muy parecido a una bombilla eléctrica.

Por el interior de tu cerebro (a cada segundo) circulan innumerables mensajes y a una velocidad inimaginable. ¿Es esto tan cierto? Sí, porque tus neuronas crean y envían más mensajes que todos los teléfonos del mundo. ¿Puedes imaginarlo? Se sabe que una sola neurona genera una pequeña cantidad de electricidad, pero... todas las neuronas juntas pueden producir tanta electricidad como para encender... ¡una bombilla de bajo voltaje!

Mientras sonríes, sueñas, recuerdas o piensas, observas algo o te mueves, hay diminutas señales químicas y eléctricas que corren entre las neuronas a lo largo de miles de millones de autopistas neuronales. ¡No hay corredor más veloz ni más brillante!

No existe ninguna computadora tan avanzada que pueda simular o imitar la fabulosa capacidad de tu cerebro para descargar, procesar y reaccionar de una manera tan rápida y eficaz ante el torbellino de información que captan tus ojos, oídos, tacto y otros órganos sensoriales. ¡Alucinante!

SABÍAS QUE...

Si quisieras contar la cantidad de neuronas que contiene tu cerebro, tardarías unos... ¡3000 años! Se cree que el cerebro contiene unos 100.000 millones de estas células microscópicas llamadas neuronas.

SISTEMA DIGESTIVO

¡SABOR Y ENERGÍA!

Este sistema transforma los alimentos y líquidos que ingieres en nutrientes que son utilizados por tu organismo para funcionar bien y desarrollarse de forma saludable... ¡el alimento es el combustible de tu cuerpo y es fundamental para tu crecimiento! ¡Y es tan placentero degustar una comida rica y saludable!

¿Por dónde comenzamos?

La **digestión** es el proceso de convertir los alimentos en sustancias que tu organismo pueda asimilar; es decir, de las que pueda nutrirse. Comienza en la **boca**, donde trituras el alimento con los dientes y lo ablandas con la saliva para poder tragarlo y que pase con mayor facilidad por la faringe y el esófago hasta el **estómago**, el órgano principal de este sistema.

Cuando hueles un alimento sabroso, lo pruebas o incluso piensas en él, se inicia el proceso digestivo preparándonos para ese primer bocado. Tu cuerpo comienza a producir saliva.

El estómago es un músculo

El estómago es un músculo que realiza movimientos para batir el alimento molido y mezclarlo con los **jugos gástricos** que ayudan a disolverlo. El objetivo, como hemos comentado, es lograr que el alimento se transforme en partículas muy diminutas.

Los alimentos que ingieres sufren dos tipos de transformaciones, ya que necesitas que tu cuerpo los convierta en partículas muy pequeñas que puedan ser absorbidas para pasar a la sangre y distribuirse a las células de tu cuerpo.

✔ **Transformaciones mecánicas:** se tritura el alimento en la boca, y este proceso continúa con la participación de los músculos del estómago, donde la tarea de este órgano es terminar de molerlo.

✔ **Transformaciones químicas**: ya en el estómago, y con la ayuda de los jugos gástricos, se disuelve aún más el alimento y se modifica su composición. Otros órganos, como el intestino delgado, el hígado y el páncreas participan también de estas transformaciones químicas.

¿Quién se queda y quién se va?

Una vez que el estómago hace su trabajo, el alimento pasa al intestino delgado. Tu cuerpo selecciona algunos de sus componentes para la nutrición y otros para su eliminación:

✔ **Absorción (¡adentro!):** la pared interior del intestino delgado tiene pliegues recorridos por vasos capilares que poseen poros que absorben las partículas nutritivas, el agua, los minerales y las vitaminas que pasan a la sangre. En el intestino delgado se le agregan al alimento diluido los jugos de dos **glándulas**: el hígado y el páncreas. Allí se extraen las sustancias nutritivas que pasan a la sangre.

Una **glándula** es un órgano cuya función es producir una secreción; es decir, es un órgano que segrega o expulsa una sustancia.

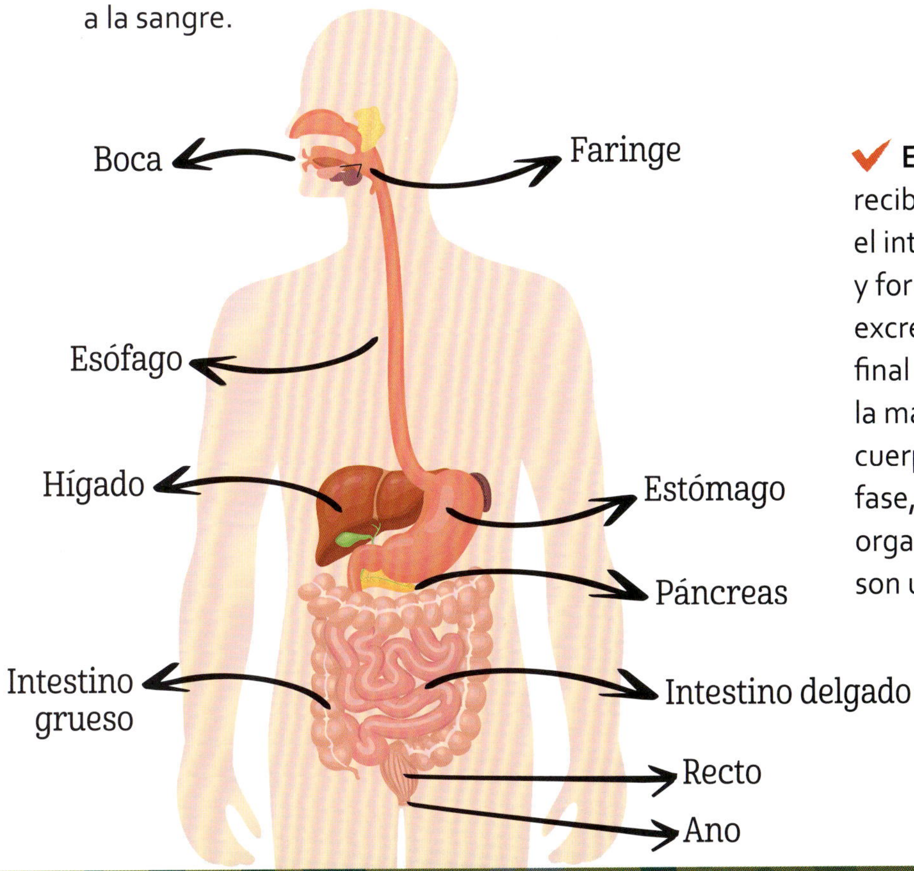

✔ **Excreción (¡fuera!):** el intestino grueso recibe los elementos que no ha digerido el intestino delgado, absorbe el agua y forma los desechos sólidos (heces o excremento). En el recto, que es el tramo final del intestino grueso, se almacena la materia fecal que es expulsada del cuerpo cuando vas al baño. En esta fase, el sistema digestivo desecha de tu organismo aquellas sustancias que no le son útiles.

LA FUNCIÓN DE LOS RIÑONES

La función de los riñones se puede comparar con la de un filtro o un colador.

La principal función de tus **riñones** es eliminar los productos de desecho y el exceso de líquido del cuerpo, que son expulsados mediante la **orina**. Los riñones también regulan el sodio, el potasio y contenidos de ácido, y son los encargados de producir hormonas muy importantes para tu organismo.

¡Los riñones no son los únicos que ayudan a eliminar el exceso de líquido de tu cuerpo! Parte del exceso de agua y las sales minerales son conducidas por la sangre hacia la piel, donde las glándulas sudoríparas los eliminan en forma de sudor (cuando transpiras). Hemos visto la función de estas glándulas en páginas anteriores.

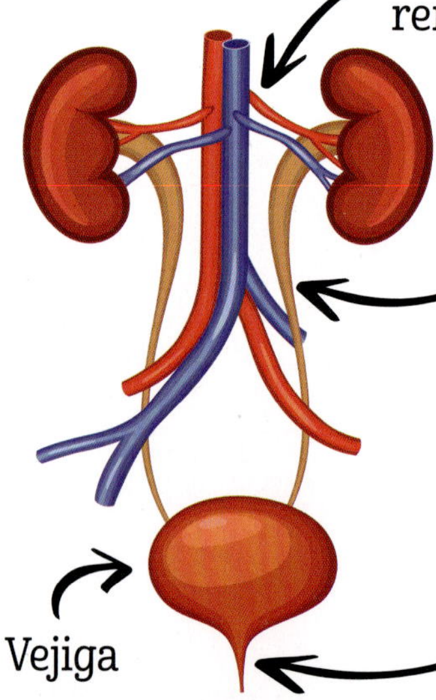

Por las arterias renales (de los riñones), la sangre transporta el resto de los desechos minerales del cuerpo y la mayor parte del exceso de agua hacia el **aparato urinario**. Los riñones son dos órganos del aparato urinario que filtran la sangre y convierten en orina el exceso de sales minerales y agua. Este líquido pasa por dos conductos y se almacena en la **vejiga** (una especie de saco o bolsa que almacena y retiene la orina hasta el momento en que deseas ir al baño). ¿Y la **uretra**? Es muy sencillo... es un tubo que desemboca en el exterior, cuando hacemos... ¡pisss!

¡Tienes que ir!

¿Cómo sabes cuando debes ir al baño a orinar? ¿Lo imaginas? Es tu cerebro quien recibe un mensaje urgente y te da la orden: ¡tienes que ir! Pero... ¿cómo sucede todo esto? Sigue leyendo y verás cómo es este proceso:

1. La orina producida por tus riñones pasa a la vejiga, donde es almacenada.
2. La vejiga se expande a medida que se llena (hasta que no hay más espacio disponible).
3. En ese momento, un nervio ubicado en la pared de la vejiga (una especie de sensor) le envía un mensaje a tu cerebro para indicarle que necesitas ir al baño.

SABÍAS QUE...

Si bien tu cuerpo trabaja incansablemente, se ha comprobado que una alimentación saludable rica en vegetales te aporta valiosos nutrientes y te mantiene sano. Es muy importante para el correcto funcionamiento de todos los sistemas de tu organismo, que trabajan... ¡con tanta dedicación! ¿Qué necesita tu cuerpo? Es decir... ¿Qué necesitas tú? Es probable que lo hayas escuchado en casa o leído en la escuela, pero repasemos: es fundamental para una vida plena tener una alimentación saludable y variada, beber agua en cantidad y hacer actividad física o recreativa; es decir, ¡estar en movimiento! Pero también es esencial para tu salud tener momentos de ocio, jugar con amigos, compartir tiempo en familia, expresar tus emociones, descansar y, al final del día, poder disfrutar de un sueño reparador. Recuerda los beneficios de cuidar tu cuerpo con hábitos saludables. ¿Qué sucederá si lo haces? Te sentirás en calma, pero con más energía, ¡y más feliz!

CURIOSIDADES DEL CUERPO HUMANO

Sistema esquelético

Aprendimos que el esqueleto humano es un conjunto de piezas óseas o huesos, que se conectan entre sí a través de ligamentos, tendones, músculos y cartílagos. Pero... ¿quieres saber algo curioso? Tus orejas y el extremo de tu nariz no tienen huesos. Sus soportes internos son cartílagos, más livianos e increíblemente mucho más flexibles que los huesos. ¡Por eso tu nariz y tus orejas pueden doblarse!

Sistema muscular

En el rostro, tenemos aproximadamente 60 músculos, responsables de las expresiones faciales. Podemos sonreír, levantar las cejas, abrir los ojos o cerrarlos; es decir, podemos hacer muecas o gestos para expresar nuestras emociones o pensamientos. ¿Quieres conocer un dato curioso? Sonreír es más fácil que fruncir el ceño, y esto tiene que ver con la cantidad de músculos que intervienen en cada uno (20 músculos para sonreír y más de 40 para fruncir el ceño).

Sistema respiratorio

Las fosas nasales de la nariz son las encargadas de inspirar el aire del ambiente para que ingrese a tu cuerpo y pueda oxigenarse. En su interior hay pequeños vellos o pelos que ayudan a limpiar el aire que respiras, además de templarlo (de frío a tibio). Pero este no es el único fenómeno curioso. Cuando sus membranas (piel muy delgada) se irritan, se produce... ¡un estornudo! ¿Y sabes cuál es la velocidad más alta que se ha registrado en un estornudo? Parece increíble, pero la respuesta es... ¡165 kilómetros por hora!

Sistema circulatorio

Sabemos que, con cada latido, el corazón se llena de sangre y se encoge; es decir, se contrae. Esto le permite, después, impulsar la sangre hacia afuera (hacia todo el cuerpo). También sabemos que la actividad del corazón es permanente, ¡no descansa ni de día ni de noche! En estado de reposo, el corazón de un adulto late a un ritmo de 60 a 100 pulsaciones por minuto. Ahora bien, ¿te has preguntado alguna vez cuántas veces late el corazón durante toda la vida de una persona? Se cree que, en promedio, ¡unas 3 mil millones de veces!

Sistema nervioso

Como hemos visto, el cerebro es uno de los objetos más fascinantes del universo. Y continúa siendo motivo de estudio y de investigaciones científicas. Por ejemplo, se cree que solo usamos el 10% de su capacidad... El cerebro es tan complejo que todavía no sabemos exactamente cómo funciona... ¡es un enigma! Tanto que los científicos se dedican a estudiar todos sus aspectos, incluso su temperatura. Se cree que la temperatura del cerebro humano fluctúa (cambia) a lo largo del día: es elevada durante la mañana (¡puede alcanzar los 40 grados en las regiones más profundas!) y disminuye por la noche.

Sistema digestivo

Los alimentos que ingieres son "triturados" por tus dientes, con ayuda de la saliva y los músculos que participan de este proceso, para facilitar su deglución. ¿Sabías que los seres humanos tenemos dos "series" o "juegos" de dientes? En la infancia nuestros 20 "dientes de leche" son reemplazados, a partir de los 6-7 años de edad (aunque puede ser un poco antes o un poco después), por los 32 dientes de adulto. ¿Y sabes algo curioso? Otras especies, como los tiburones, tienen una dentadura "superinteligente". Cuando un diente se rompe, es reemplazado por uno nuevo en tan solo un período de... ¡una o dos semanas!

Ca(5) Co(5) A5 G(2)
NH2